Inhalt

Karte zum Schauplatz. Berlin um 1806

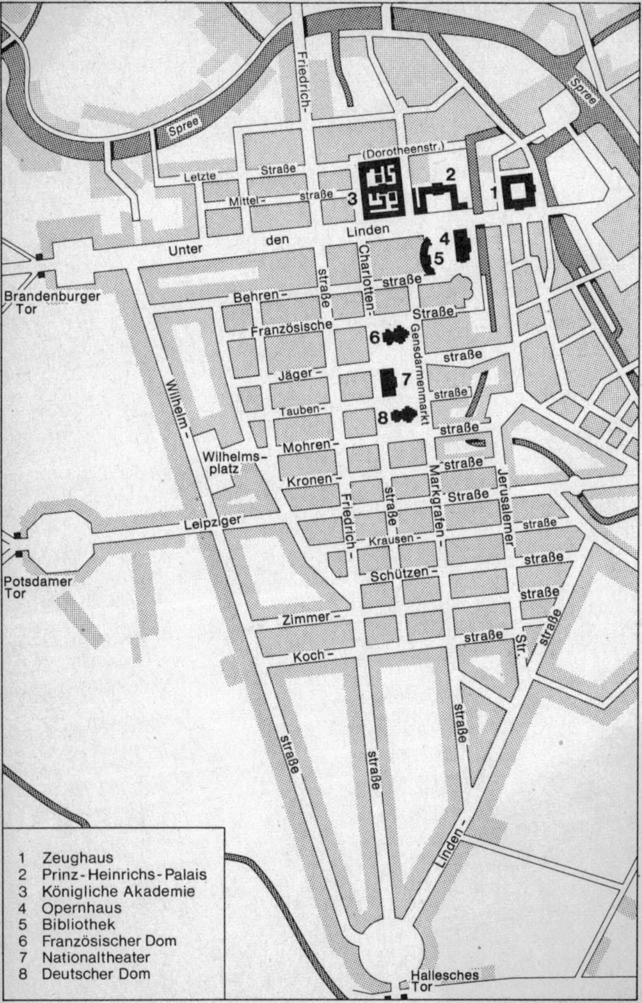
Spree
Spree
Friedrich-
(Dorotheenstr.)
Letzte
Straße
Mittel-
straße
Unter
den
Linden
Brandenburger Tor
Charlotten-
straße
Behren-
straße
Straße
Französische
Gensdarmenmarkt
straße
Jäger-
straße
Tauben-
straße
Mohren-
straße
Wilhelm-
Wilhelmsplatz
Kronen-
Markgrafen-
Straße
Jerusalemer
Leipziger
Friedrich-
straße
straße
Krausen-
straße
Potsdamer Tor
Schützen-
straße
Zimmer-
straße
straße
Koch-
Str.
straße
straße
straße
straße
Linden-
Hallesches Tor
1 Zeughaus
2 Prinz-Heinrichs-Palais
3 Königliche Akademie
4 Opernhaus
5 Bibliothek
6 Französischer Dom
7 Nationaltheater
8 Deutscher Dom

I. Wort- und Sacherklärungen

Schach von Wuthenow: eigtl. Otto Friedrich Ludwig von Schack, vgl. Kap. II Dokumente zur Entstehungsgeschichte; zu *Wuthenow* vgl. Anm. zu 102,12.

aus der Zeit des Regiments Gensdarmes: »Schach von Wuthenow« gehört zur Gattung der geschichtlichen Novelle und spielt – mit Ausnahme des Kap. XXI – im Sommer 1806, kurz vor Ausbruch des Krieges, den Friedrich Wilhelm III. von Preußen (1770–1840) am 9. 10. 1806 gegen Napoleon begann und der mit dem für Preußen schmachvollen Frieden von Tilsit am 7./9. 7. 1807 endete.
Das Regiment Gensdarmes war ein preuß. Reiterregiment, das im Jahre 1691 nach frz. Vorbild geschaffen und nach dem Frieden von Tilsit beim Wiederaufbau Preußens und des Heeres aufgelöst wurde. Name und Ansehen dieses traditionsreichen Elite-Regiments schienen Fontane offensichtlich so groß, daß er den charakterisierenden Untertitel wählte, obgleich der Höhepunkt des Ruhms dieses Regiments Anfang des 19. Jh.s längst überschritten war.

I. Im Salon der Frau von Carayon

3,3 *Behrenstraße:* Wie in allen Berliner Erzählungen Fontanes spielt auch in der Erzählung »Schach von Wuthenow« die genaue Ortsbeschreibung und -angabe eine wichtige und charakterisierende Rolle: die Behrenstraße, genannt nach einem Ingenieur Behr, der seit 1695 am Bau eines Berliner Stadtteils, der sog. Friedrichsstadt, beteiligt war, gehörte Anfang des 19. Jh.s zu den schönsten Straßen Berlins und war bevorzugte Wohngegend der sog. Höheren Stände. Sie wurde neben anderen von der Charlottenstraße durchschnitten, und in einem dieser Eckhäuser spielt ein Großteil der Handlung der Erzählung (vgl. auch Anm. zu 25,9).

3,4 *Victoire:* bedeutet im Französischen auch ›Sieg‹, Name

nach der Quelle (vgl. Kap. II Dokumente zur Entstehungsgeschichte), aber auch vielsagend und mehrdeutig im Hinblick auf privates und geschichtliches Schicksal in der Erzählung.

3,11 *Alvensleben:* alte adlige Familie, die bereits Mitte des 12. Jh.s urkundlich erwähnt wird und aus der im 19. Jh. eine Reihe von preuß. Diplomaten und Generälen hervorging.

3,18 *dominierende Stellung:* beherrschende Stellung.

3,21 *Stabskapitän:* im alten preuß. Heer Offizier im Rang eines Rittmeisters.

3,22 *Unionsstaaten:* die Vereinigten Staaten von Amerika, die sich 1789 zum Bundesstaat USA zusammenschlossen, der im Jahre 1806 18 Einzelstaaten aufwies.

3,24 *Frondeurs:* urspr. die Mitglieder der Fronde (frz., Schleuder), einer politischen oppositionellen Bewegung des frz. Hochadels Mitte des 17. Jh.s, hier die militärischen und politischen Kritiker Preußens zu Beginn des 19. Jh.s.

3,26 f. *von Bülow:* Adam Heinrich Dietrich Freiherr von Bülow (1757–1807), preuß. Offizier und Militärschriftsteller, dessen Werk »Der Feldzug von 1805, militärisch-politisch betrachtet« (Leipzig 1806) für Fontane eine wichtige Quelle wurde.

3,27 *Nonchalance:* (frz.) Lässigkeit, Unbekümmertheit.

3,31 *Kathedervortrage:* so, als ob er von einem Katheder aus vor einem Hörerkreis einen Vortrag hält.

4,3 *Daniel Sander:* Johann Daniel Sander (1759–1825), bekannter Berliner Verleger im 1. Drittel des 19. Jh.s, der allerdings die Schriften Bülows nicht verlegt hat.

4,9 *Embonpoint:* (frz.) Körperfülle, Wohlbeleibtheit.

4,11 *exzellierte:* hier: glänzte.

4,13 *Haugwitzsche Mission:* Der preuß. Kabinettsminister Christian Graf von Haugwitz (1752–1832), der im Auftrag Friedrich Wilhelms III. mit Napoleon verhandeln sollte, wurde von diesem erst nach seinem Sieg bei Austerlitz über eine österreich.-russ. Koalition (2. 12. 1805) empfangen und schloß unter dem Eindruck dieses Sieges am 15. 12. 1805 den Vertrag von Schönbrunn ab, der Hannover an Preußen band (vgl. dazu auch die Anm. zu 4,32). Ihm folgte am 15. 2. 1806 der Vertrag von Paris, der Preußen einseitig an Frankreich band. Diese verfehlte Bündnispolitik, die den späteren Bruch mit Frankreich und den 4. Koalitionskrieg 1806/07 nicht verhindern konnte und hinter der allerdings auch der schwache König Friedrich Wilhelm III. stand, trug Haugwitz Zustimmung (Bülow), aber auch heftige Kritik ein, gegen die er sich in seiner Schrift »Fragment des mémoires inédits du Comte de Haugwitz« (Fragment der unveröffentlichten Memoiren des Grafen von Haugwitz), Jena 1837, verteidigte.

4,17 *Morgengabe:* im älteren dt. Ehegüterrecht ein Geschenk des Ehemannes an seine Frau am Morgen nach der Hochzeitsnacht.

4,27 *minos- und rhadamantusartig:* Minos und Rhadamanthys waren nach der griech. Mythologie Söhne des Zeus und der Europa und nach ihrem Tod Richter in der Unterwelt.

4,29 *Karlsbader Oblaten:* süßes flaches Waffelgebäck aus dem ehemals österreich. Karlsbad.

4,32 *in der neuen Provinz:* Das Kurfürstentum Hannover wurde im Vertrag von Schönbrunn Preußen geradezu aufgedrängt, um es mit England zu verfeinden, das Hannover 1714–1837 in Personalunion regierte. Preußen nahm das Kurfürstentum tatsächlich in Besitz, mußte es aber im gleichen Jahr, nach der Schlacht von Jena und Auerstedt (14. 10. 1806), Frankreich überlassen.

4,35 f. *welfischen Löwen ... springenden Roß:* Wappentiere des Fürstengeschlechts der Welfen und des Herzogtums Braunschweig.

4,37 f. *Für die Polen ... aus:* In den drei Teilungen Polens im 18. Jh. (1772, 1792, 1795) erhielt Preußen große Teile des Landes, so Westpreußen, das Ermland und den Netzedistrikt, Posen, Warschau und das Land zwischen Weichsel, Bug und Njemen.

5,9 *Altmärkereigenschaft:* Die Altmark ist das westl. der Elbe gelegene Stammland der Mark Brandenburg mit Stendal als Hauptort.

5,12 *welfischen Stammlande:* Das bereits im frühen Mittelalter in Bayern hervorgetretene Geschlecht der Welfen beherrschte mit seiner jüngeren norddt. Linie Territorien in Niedersachsen mit Braunschweig und Hannover als Zentren seiner Macht.

5,15 *Mirabeau:* Honoré Gabriel de Riqueti, Graf von Mirabeau (1749–91), berühmter frz. Publizist und Staatsmann, der als Abgeordneter des 3. Standes in der Nationalversammlung für eine starke konstitutionelle Monarchie eintrat. Das Zitat stammt aus der »Histoire secrète de la cour de Berlin« (»Geheime Geschichte des Berliner Hofes«, 3 Bde., 1789) und lautet wörtlich: »Pourriture avant maturité, j'ai grand peur que telle ne soit la devise de la monarchie prussienne« (Fäulnis vor der Reife: ich fürchte sehr, daß dies die Devise der preußischen Monarchie ist; Bd. 2, S. 87).

5,22 *zwischen Nuthe und Notte:* Nebenflüsse von Dahme und Havel in der Mark Brandenburg, hier svw.: in der preuß. Provinz.

5,24 *Kalenbergs:* Fürstentum in der ehemals preuß. Provinz Hannover, benannt nach dem daselbst gelegenen gleichnamigen Schloß. Von dem Zweig Kalenberg des welfischen Hauses Neu-Lüneburg stammte die in England und Hannover regierende Dynastie ab.

5,25 *Nomen et omen:* (lat.) Name und Vorbedeutung. ›Geflügeltes Wort‹ aus dem Werk des röm. Komödiendichters Plautus (um 254 bis 184 v. Chr.).

6,5 *de tout mon cœur:* (frz.) von ganzem Herzen.

6,15 *Masurkatänzer:* die Mazurka: poln. Nationaltanz im ¾-Takt.

6,24 *»Und wer rettete ...«:* In der Schlacht beim Kahlenberg (12. 9. 1683) wurde das von den Türken belagerte Wien durch Herzog Karl V. von Lothringen (1643–90) und den Polenkönig Johann III. (1624–96) befreit.

6,28 *Favoritsultanin:* die Favoritin oder Lieblingsfrau eines Sultans.

6,29 *Krypta der Kapuziner:* Gruft der Wiener Kapuzinerkirche, in der neben anderen österreich. Herrschern die Kaiserin Maria Theresia (1717–80) beigesetzt wurde.

6,30 *Islam:* (arab.) ›Ergebung (in den Willen Gottes)‹, eine der drei Weltreligionen, zwischen 610 und 632 n. Chr. von dem Propheten Mohammed (570–632) gestiftet.

6,31 *Hahndel- und Fasandelmännern:* wörtlich ›Hähnchen- und Fasanenmännern‹ als Anspielung auf die Eßgewohnheiten der Wiener. Pierre-Paul Sagave (S. 102) weist darauf hin, daß sich in Bülows »Feldzug von 1805« eine ähnlich geringschätzige Bezeichnung findet.

6,33 *Serail- oder Haremwirtschaft:* Der Serail (pers./türk. Serai ›Palast‹) ist der Palastbezirk des Sultans in Istanbul. Der Harem (arab. ›verboten‹) ist in den islamischen Häusern der Teil des Hauses, in dem die Frauen und Kinder wohnen und der sonst nur dem Ehemann zugänglich ist.

7,14 f. *Sie sind präokkupiert:* hier: Sie sind in Gedanken.

7,31 *Emeute:* (frz.) Aufruhr, Meuterei.

7,32 f. *Seiner Majestät:* Friedrich Wilhelm III., seit 1797 König von Preußen.

8,22 *Juchten:* Leder, das durch Behandlung mit Birkenteeröl einen charakteristischen Geruch erhält, hier Anspielung auf die Reitstiefel der Offiziere.

8,27 *Imperators:* (lat.) Kaisers, hier Napoleon I. (1769 bis 1821), der wenig später (8,37) als Kaiser bezeichnet wird.

9,15 *replizierte:* erwiderte.

9,18 *Empereur:* (frz.) Kaiser.

9,27 *doublieren:* hier: verdoppeln.

9,28 *Allianzen:* (frz.) Bündnisse.

9,29 *der große König:* Friedrich II., der Große (1712–86), seit 1740 König von Preußen.

II. »Die Weihe der Kraft«

10,2 *»Die Weihe der Kraft«:* Das Drama »Martin Luther, oder: Die Weihe der Kraft« behandelt die Erneuerung wahrer christlicher Religion und wurde am 11. 6. 1806 mit großem Erfolg in Berlin aufgeführt. Sein Autor, der romantische Dichter Zacharias Werner (1768–1823), der nach einem unsteten Wanderleben als kathol. Priester in Wien starb, lebte 1805–07 in Berlin. Nach seinem Übertritt zum Katholizismus widerrief Werner sein Luther-Drama mit dem Gegenstück »Die Weihe der Unkraft« (1814).

10,10 *Rahel Lewin:* Rahel Levin (1771–1833), bedeutende Frauengestalt im Berlin des frühen 19. Jh.s, deren Salon ein berühmter Mittelpunkt von Philosophen, Literaten und Künstlern war. Vorkämpferin der dt. Frauenbewegung, seit 1814 mit dem Schriftsteller und Literaturkritiker Karl August Varnhagen von Ense (1785–1858) verheiratet.

10,12 *der Prinz:* Prinz Louis Ferdinand von Preußen (1772–1806), Neffe Friedrichs des Großen, preuß. General mit künstlerischen Neigungen, zugleich Führer der Opposition gegen den Regenten Friedrich Wilhelm III., fiel am 10. 10. 1806 in der Schlacht bei Saalfeld. Fontane hat diese interessante und begabte, wenn auch nicht unumstrittene Gestalt des preuß. Herrscherhauses in seiner gleichnamigen Ballade (1857) meisterhaft charakterisiert:

Sechs Fuß hoch aufgeschossen,
Ein Kriegsgott anzuschaun,
Der Liebling der Genossen,
Der Abgott schöner Fraun,
Blauäugig, blond, verwegen
Und in der jungen Hand
Den alten Preußendegen –
Prinz Louis Ferdinand.

10,14 *etablierte Zelebrität:* allgem. bekannte, berühmte Größe.

10,32 *einen Olympier:* der Olymp, das höchste, im Norden gelegene Gebirge Griechenlands, galt den alten Griechen als Sitz der Götter. Hier: einen Allmächtigen, Göttlichen.

10,32 f. *Nektar- und Ambrosiamann:* Nektar und Ambrosia waren in der griech. Mythologie Trank und Speise der Götter, die diesen Unsterblichkeit verliehen. Die leicht ironische, typisch Fontanesche Wortbildung bedeutet demnach svw. einen ›Unsterblichen‹.

10,33 *Gourmand:* (frz.) Feinschmecker, auch ›Vielfraß‹, im Unterschied zu ›Gourmet‹ (vgl. 49,13): nur ›Feinschmecker‹.

11,2.4 *Serenissimus ... Serenissima:* höchste Steigerung von lat. serenus (heiter) ›der Durchlauchtigste‹: Seine Durchlaucht, Ihre Durchlaucht.

11,21 *in Ästheticis:* (lat.) in ästhetischen Dingen.

11,24 *Tafeln direkt vom Sinai:* Nach dem Alten Testament erhielt Moses, der Führer und Gesetzgeber der Israeliten (um 1300 v. Chr.), auf dem Berg Horeb im Sinaigebirge von Gott die auf Steintafeln aufgezeichneten jüdischen Gesetze, darunter die Zehn Gebote (2. Mose 24 ff.).

11,26 f. *regarder dans le Néant:* (frz.) ins Nichts zu blicken.

12,13 *Jesuitismus:* 1534 gründete der span. Offizier und Priester Ignatius von Loyola (1491–1556) die societas Jesu (lat., Gesellschaft Jesu), eine der letzten großen Ordensgründungen der kathol. Kirche, deren Ziel u. a. die Bekämpfung der Reformation in Deutschland durch eine sog. ›Gegenreformation‹ war.

12,14 *schwarzen Doktormantel:* Der Reformator Martin Luther (1483–1546) war seit 1512 Doktor der Theologie.

12,15 *Iffland:* August Wilhelm Iffland (1759–1814), Schauspieler, Theaterdirektor und Dramatiker, zu seiner Zeit eine der bedeutendsten Persönlichkeiten des dt. Theaters. Iffland spielte tatsächlich die Hauptrolle in dem Wernerschen Stück.

12,16 *Freimaurer:* Mitglied einer überregionalen Gemeinschaft mit ethisch-moralischen und humanitären Zielen. Die Bewegung ging 1717 von England aus und führte in

Deutschland, in dem nicht die religiös-kirchenfeindlichen Ziele der frz. Freimaurer verfolgt wurden, 1737 zur Gründung einer ersten Vereinigung von Freimaurern, einer sog. ›Loge‹.

13,1 *Beffchen:* (niederdt.) die zwei viereckigen weißen Läppchen am Kragen der evangel. Geistlichen.

13,10 *Pectus facit oratorem:* (lat.) das Herz (d. h. die Gesinnung) macht den Redner, nach einem Satz des röm. Schriftstellers Quintilian (um 35 bis 95 n. Chr.) aus dessen Schrift »De institutione oratoria« (Über die Unterweisung in der Redekunst, X,7,15): Pectus est (enim) quod disertos facit (et vis mentis) = das Herz macht beredt (und die Kraft des Geistes).

13,14 *Dissens:* lat. dissensus ›Meinungsverschiedenheit‹.

13,26 f. *auch er ist in der Decadence:* frz. décadence ›Verfall, Niedergang‹, hier svw.: auch sein Ansehen ist im Schwinden.

14,2 f. *Sage mir ... du bist:* erster Teil eines Goetheschen Spruches, der vollständig lautet: »Sage mir, mit wem du umgehst, so sage ich dir, wer du bist; weiß ich, womit du dich beschäftigst, so weiß ich, was aus dir werden kann.« Zuerst zu finden in der Spruchsammlung »Betrachtungen im Sinne der Wanderer« am Ende des Zweiten Buches des Romans »Wilhelm Meisters Wanderjahre« (1821).

14,5 *wenn der Mantel ... Herzog nach:* geflügeltes Wort aus Schillers Drama »Die Verschwörung des Fiesco zu Genua« (1783). Dort heißt es wörtlich: »Nun, wenn der Purpur fällt, muß auch der Herzog nach« (V,16).

14,15 *Hannibal ante portas:* (lat.) Hannibal vor den Toren; geflügeltes Wort aus einer Rede des röm. Staatsmanns Marcus Tullius Cicero (106–43 v. Chr.) in der Wendung »Hannibal ad portas« (Philippica I.5,11), die sich auf den Schreckensruf der Römer bezieht, als der karthagische Feldherr Hannibal (246–182 v. Chr.) im Jahre 211 v. Chr. die Stadt anzugreifen schien.

14,25 *alter ego:* (lat.) anderes Ich. Nach Georg Büchmann, der sich auf den neuplatonischen Philosophen Porphyrius (um 234 bis 304 n. Chr.) bezieht, ist der griech. Philosoph Pythagoras (um 570 bis 480 v. Chr.) der Schöpfer des Wortes.

14,30 f. *Die großen Blauen:* die in blaue Uniformen gekleidete Leibgarde des ›Soldatenkönigs‹ Friedrich Wilhelm I. (1688–1740), die aus sog. ›langen Kerls‹ bestand.

14,31 f. *den eisernen Ladestock:* konischer oder zylindrischer Eisenstock zum Hinabstoßen der Ladung in den Lauf des Vorderladers, 1730 von Leopold I., Fürst von Anhalt-Dessau (1676–1747) in der preuß. Armee eingeführt.

14,32 *Zopf:* Der Zopf wurde 1713 von Friedrich Wilhelm I. im preuß. Heer eingeführt.

14,33 f. *ich hab ihn ... nicht gefressen:* Diesen ablehnenden Satz schrieb Friedrich II. an den Rand eines Unterstützungsgesuchs, das die Witwe eines Feldproviantkommissarius eingereicht hatte.

15,33–16,15 *Die Blüte ... Brüderlein blühn:* In dem Drama »Martin Luther, oder: Die Weihe der Kraft« singt Therese, die neunjährige Pflegetochter der Nonne Katharina von Bora, der späteren Frau des Reformators, zu Beginn der zweiten Szene im 2. Akt dieses Lied. Es wird von Fontane ungenau wiedergegeben und lautet nach der Erstausgabe von 1807:

Die Blüthe, sie schläft so leise, so lind,
Wohl in der Wiege von Schnee;
Einlullt sie der Winter: Schlaf ein geschwind,
Du blühendes Kind! –
Das Kindlein weinet, verschläft sein Weh,
Im Traume da lächelt's, es ziehn
Herab zu ihm aus duftiger Höh
Die Schwestern und lieben und blühn.

Und kommt der Mai dann wieder so lind,
Dann bricht er die Wiege von Schnee;
Er schüttelt die Blüthe: Wach' auf geschwind,
Du welkendes Kind! –

»Theresens Sehnsucht« aus Zacharias Werners Drama »Martin Luther, oder: Die Weihe der Kraft«, Berlin 1807

Sie hebt die Äuglein, es thut ihr weh,
Sie duftet, sie rührt sich, hinziehn
Muß sie zu ihm in leuchtende Höh,
Wo stralend die Brüderlein blühn.

16,17 *der Komposition:* Die Vertonung stammt von dem Berliner Kapellmeister und Komponisten Bernhard Anselm Weber (1764–1821) und findet sich in der Erstausgabe des Dramas.

III. Bei Sala Tarone

17,2 *Sala Tarone:* bekanntes ital. Restaurant und Delikatessengeschäft Unter den Linden 32.

17,3 *Die Turmuhren auf dem Gensdarmenmarkt:* Die Uhren des Französischen und des Deutschen Doms auf dem ehemaligen Gendarmenmarkt. Der Markt war zur Zeit der Handlung des Romans der größte Platz Berlins und galt als einer der schönsten Stadtplätze Europas. Das Regiment Gensdarmes hatte hier bis zum Jahre 1773 seine Ställe und bis zum Jahre 1782 seine Hauptwache.

17,6 *die Linden:* Die Straße ›Unter den Linden‹ bildete die Lieblingspromenade der Berliner und war der Mittelpunkt der eleganten Welt der Stadt. Sie bestand aus 5 nebeneinander laufenden und von Linden eingefaßten Wegen, von denen der mittelste für die Fußgänger bestimmt war, während je zwei äußere den Equipagen und Reitern zur Verfügung standen.

17,17f. *Sieh, das Gute liegt so nah:* eines der geflügelten Worte aus der Dichtung Goethes, die 2. Zeile des Vierzeilers »Erinnerung« aus der Zeit um 1777/78:
Willst du immer weiter schweifen?
Sieh, das Gute liegt so nah.
Lerne nur das Glück ergreifen,
Denn das Glück ist immer da.

17,28 *Blaker:* Kerzenleuchter mit einer halbrunden Platte aus Metall oder Porzellan, die den Schein zurückwarf.

Der Gensdarmenmarkt um 1800. Aus: Brandenburgisches Jahrbuch 1 (1926) S. 30

17,29 *Küfer:* urspr. der Faßbinder (Böttcher), hier der die Fässer und den Wein besorgende Kellner.

17,31 f. *Passage:* (frz.) hier: Durchgang.

17,33 f. *Defilee:* (frz.) hier: Engpaß.

17,35 *in Front:* gegenüber.

18,4 *Is hier allens voll Pinnen:* umgspr., hier ist alles voll von (kleinen spitzen) Stiften.

18,6 *spanische Reiter:* scherzhafte Anspielung auf ein im Krieg verwendetes sperriges Hindernis.

18,15 *verblakt:* verrußt.

18,17 *Paneelen:* (niederl.) Täfelungen.

18,29 *lukullische Feinheiten:* nach dem röm. Feldherrn und Feinschmecker Licinius Lucullus (um 114 bis 57 v. Chr.).

18,35 *Asperula odorata Linnéi:* lat. Bezeichnung für den gemeinen Waldmeister, nach dem botanischen Klassifizierungssystem des schwedischen Naturforschers Carl von Linné (1707–78).

19,8 *Order:* frz. ordre ›Bestellung, Befehl‹.

19,21 *Surrogate:* lat. surrogare ›als Ersatz wählen‹, Ersatzstoffe.

19,22 *Tonkabohne:* aromatischer Same des in Südamerika beheimateten Tonkabaums, früher in der Arzneiherstellung sowie für Parfüms und Schnupftabak verwendet.

19,27 *Zeltinger ... Brauneberger:* bekannte Weißweine aus den gleichnamigen Orten an der Mosel.

19,30 f. *Cliquot:* frz. Sektmarke.

20,1 *Entengrütze:* Wasserlinse, Teichgewächs.

20,12 *Gesamtkolorit:* Kolorit: (ital.) Farbe, Färbung.

20,20 *Kapaunenrechnung:* Kapaun: verschnittener und gemästeter Hahn.

20,25 *Nostitz:* Karl von Nostitz (1771–1838), preuß. Offizier aus altem lausitzischem Adelsgeschlecht, wurde 1805 zweiter Adjutant des Prinzen Louis Ferdinand und trat 1813 in russ. Dienste. Seine Memoiren »Aus Karls von Nostitz ... Leben und Briefwechsel« (1848) wurden für Fontane eine wichtige Quelle.

20,34 *Antagonismus:* hier: Gegnerschaft.

Unter den Linden Anfang des 19. Jahrhunderts. Aus: Alwin Lonke, »Königin Luise von Preußen«, Leipzig 1904, S. 317

20,35 f. *Cour ... macher:* frz. cour ›Hof, Höflichkeit‹; jmdm. die Cour machen: jmdm. den Hof machen, ihn umwerben; hier: Liebhaber, Draufgänger.

21,7 f. *Französisch-Buchholz:* Dorf im ehem. preuß. Regierungsbezirk Potsdam nordwestl. von Berlin. Friedrich Wilhelm, der Große Kurfürst (1620–88), siedelte hier frz. Emigranten an.

21,14 *Passion:* lat. passio ›Leiden‹, hier: Leidenschaft.

21,23 *Axiom:* griech. axíōma ›unbewiesener, aber unbestrittener Lehrsatz‹.

22,1 f. *C'est le premier pas, qui coûte:* (frz.) wörtl.: es ist der erste Schritt, der (Anstrengung) kostet, aller Anfang ist schwer.

22,14 *Intaktheit:* (lat.) hier: Unberührtheit, Jungfräulichkeit.

23,13 *Meriten:* lat. merita ›Verdienste‹.

23,16–23 *drei Glaubensartikel ... angegriffen hat:* Die Sätze der ersten beiden Hauptstücke sind Fontanesche Formulierungen und gehen auf Gedanken und Aussprüche Friedrichs des Großen zurück, während der dritte Satz auf einer alten preuß. Strategieregel fußt (vgl. dazu auch Sagave, S. 103). Das *Regiment Garde du Corps* (frz., Leibgarde) galt ebenso wie das Regiment Gensdarmes als traditionsreiches Eliteregiment.

23,27 *Rodomontaden:* Prahlereien, Aufschneidereien, nach dem Namen des Helden Rodomonte in dem Epos »L'Orlando Furioso« (»Der rasende Roland«, 1516–21) des ital. Dichters Ludovico Ariosto (1474–1533).

24,4 f. *safranfarbenen Nachthandschuh:* ein kulturhistorisch interessantes Detail der Zeit des Romans. Safran (pers./arab.) ist eine im Mittelmeerraum wachsende Pflanze, die als Arznei und als Gewürz- und gelbes Färbemittel Verwendung findet.

24,8 *Haude und Spenerschen:* bedeutende Berliner Tageszeitung, 1740 von dem Buchhändler Ambrosius Haude (1690–1748) gegründet und ab 1748 von dem Buchhändler Johann Carl Spener (gest. 1756) weitergeführt. Der vollständige Titel lautete unter Umgehung des Begriffs ›Zeitung‹ »Haude und Spenersche, oder Berlinische Nachrichten von Staats- und gelehrten Sachen« (genannt auch ›Onkel Spener‹ zur Unterscheidung von der 1704 entstandenen »Vossischen Zeitung«, der ›Tante Voß‹).

24,8–12 *Kaiser von Brasilien ... gutzuschreiben:* vgl. hierzu Sagave, S. 103: »Die Zeitungsmeldung von der Beförderung des heiligen Antonius zum Oberstleutnant ist eine jener üblichen, politisch ungefährlichen Nachrichten, welche die Berliner Zeitungsspalten in der Regierungszeit Friedrich Wilhelms III. füllten. Diese Ernennung des hl. Antonius stammt übrigens erst aus dem Jahre 1814. Damals stand Brasilien noch in Personalunion mit Portugal. Der Text des erwähnten Dekrets lautete: ›Nach Unserer Überzeugung hat der ruhmreiche heilige Antonius in letzter Zeit durch seine mächtige Hilfe zur endgültigen Wiederherstellung des Friedens im portugiesischen Reich beigetragen. Daher haben Wir beschlossen, ihn zum Oberstleutnant zu befördern. Er wird die übliche Löhnung aus den Händen Unseres Generaladjutanten erhalten. – Gegeben in Unserer Hauptstadt, am 31. August des Jahres 1814 nach unseres Herrn Geburt. – Johann, König von Portugal.‹«

24,31 *vom Tor her:* vom Brandenburger Tor her (vgl. auch Anm. zu 29,26 f.).

24,34 *Hâtez-vous:* (frz.) Beeilen Sie sich.

IV. In Tempelhof

25,2 *Tempelhof:* ehemals ein Dorf im preuß. Regbez. Potsdam südl. von Berlin, heute Ortsteil des gleichnamigen Berliner Verwaltungsbezirks. Befand sich urspr. im Besitz des Templerordens, kam nach 1312 in den der Johanniter und wurde 1435 von den Städten Berlin-Cölln erworben. Die Dorfkirche von Tempelhof, die ehem. Templerkirche St. Katharina, gehört zu den ältesten Bauwerken Berlins.

25,9 *Charlottenstraße:* benannt zu Ehren der Königin Sophie Charlotte (1668–1705), der Frau des späteren Preußenkönigs Friedrich I. (1657–1713). Die eine (linke) Häuserreihe dieser Straße bildete die Westseite des Gendarmenmarktes.

25,33 *malachitne Stutzuhr:* kleine Standuhr aus grünfarbigem Halbedelstein.

25,33 f. *Kaiserin Katharina:* die dt. Prinzessin Sophie Friederike Auguste von Anhalt-Zerbst, die spätere russ. Kaiserin Katharina II., die Große, die in Petersburg residierte (1729–96).

25,34 *paradierte:* hier: prunkte.

25,35 *Trumeau:* (frz.) großer Wandspiegel.

26,8 *roten Ordensband:* Ordensband eines Verdienstordens, der als Belohnung für bes. Leistungen verliehen wurde.

26,13 *Koloniefranzose:* Angehöriger der frz. Kolonie in Berlin, deren Anfänge auf das Jahr 1685 zurückgehen, als der preuß. Kurfürst Friedrich Wilhelm den wegen ihres Glaubens verfolgten Franzosen (Hugenotten) in der Mark Brandenburg Heimat und Asyl anbot.

26,14 *Bordeaux:* seit Anfang des 19. Jh.s rasch aufgeblühte frz. Hafenstadt am Atlantik.

26,16 *Legation:* Gesandtschaft.

26,20 *Tapisserierahmen:* Tapisserie: (frz.) teppichartige Kreuzstichstickerei.

26,26 *Groom:* (engl.) Diener, Reitknecht.

26,27 *Stulpenstiefeln:* Schaftstiefel mit oben umgeschlagenem Rand.
zwei Farben am Hut: zweifarbigem Schmuckband am Hut.

26,31 *Ned:* (engl.) Koseform für Edward.

27,12 *Hyperboreern:* griech. hyper-bóreios ›die jenseits des Nordwinds Wohnenden‹; Nordländern.

27,33 f. *kontrasignierst:* zeichnest gegen.

28,14 *französischen Dom:* eine der Kirchen der frz. Kolonie, auf dem späteren Gendarmenmarkt im Jahre 1785 fertiggestellt.

28,14 *Dreifaltigkeitskirche:* erbaut 1736–39 von Friedrich Wilhelm I. und benannt nach der Dreifaltigkeit (= Dreieinigkeit von Gott Vater, Sohn und Heiligem Geist). Einer der Prediger dieser Kirche war der berühmte protestantische Theologe Friedrich Schleiermacher (1768 bis 1834), dessen Predigt vom 28. 3. 1813, kurz vor Ausbruch des Befreiungskriegs gegen Napoleon gehalten, Fontane in seinem ersten Roman »Vor dem Sturm« verwendet hat (Buch IV, Kap. 14).

28,19 *Wo viel Licht ist ... Schatten:* geflügeltes Wort aus Goethes Drama »Götz von Berlichingen« (1773). Götz zu Weislingen: »Wo viel Licht ist, ist starker Schatten« (I,3).

29,4 *geprüntem Munde:* gespitztem Munde.

29,22 f. *la petite princesse Charlotte:* (frz.) die kleine Prinzessin Charlotte (1798–1860), Tochter Friedrich Wilhelms III. und spätere Frau des Zaren Nikolaus I. (1796–1855).

29,23 *Alexandrine:* (1803–92) Schwester der Vorgenannten, spätere Frau des Großherzogs Paul Friedrich von Mecklenburg (1800–42).

29,26 *liiert:* frz. lier ›verbinden‹; verbunden.

29,26 f. *Brandenburger Torwache:* Wache des Brandenburger Tors, eines der bekanntesten Bauwerke Berlins, 1789–93 im Auftrag Friedrich Wilhelms II. (1744–97) von dem Architekten Carl Gotthard Langhans (1732–1808) nach dem Vorbild der Propyläen, dem Eingangstor zur Burg von Athen, erbaut. Es begrenzte im Westen die Straße ›Unter den Linden‹ und bildete den Eingang zur sog. ›Friedrichsstadt‹, dem eigtl. Regierungsviertel.

30,5 *Pompadour:* (frz.) kleiner Beutel, benannt nach der Marquise de Pompadour (1721–64), die für die Mode ihrer Zeit als Vorbild galt.

30,6 *Residenzien:* veralteter und selten gebrauchter Plural von Residenz (mlat. residentia, frz. résidence ›Wohnsitz‹).

30,7 f. *Allerhöchsten Herrschaften:* das preuß. Königspaar, der regierende König Friedrich Wilhelm III. und seine Gemahlin, Königin Luise (1776–1810).

30,15 *Eskapade:* (frz.) urspr. der Seitensprung eines Schulpferdes; hier: leichtsinnige unüberlegte Handlung.
Baronin Stieglitz: sowohl diese wie alle anderen genannten Personen des Berliner Hofes sind wohl erfundene Gestalten.
30,20 *Serenade:* Abendständchen.
30,25 f. *Prinzessin von Carolath:* Carolath war ein Fürstentum im ehem. preuß. Regierungsbezirk Liegnitz, das dem gleichnamigen Fürstengeschlecht gehörte. Seit 1753 führten die Mitglieder des Hauses den Titel ›Prinz und Prinzessin von Schönaich-Carolath‹.
30,26 *transponieren:* übersetzen, übertragen.
30,31 *alias:* (lat:) ›anders‹, sonst.
31,3 *l'exactitude est la politesse des rois:* (frz.) Pünktlichkeit ist die Höflichkeit der Könige. Ausspruch Ludwigs XVIII. von Frankreich (1755–1824).
31,5 *Halbchaise:* (frz.) Kutsche mit Halbverdeck.
31,13 *Grandezza:* (span.) steifer Würde.
31,18 *Friedrichstraße:* in der Friedrichsstadt gelegen und wie diese nach ihrem Erbauer, König Friedrich I., benannt.
31,20 *Rondell:* runder, 1730 angelegter Platz am Halleschen Tor, 1815 in Belle-Alliance-Platz umbenannt (nach der Schlacht bei Belle-Alliance [Waterloo] am 18. 6. 1815, in der Napoleon nach seiner Rückkehr von Elba vernichtend geschlagen wurde).
Hallesche Tor: eines der südl. Ausgangstore der Friedrichsstadt, 1782 erbaut.
31,21 *Kreuzberg:* Anhöhe vor dem Halleschen Tor, zur Zeit der Handlung des Romans noch ›Runder Weinberg‹ genannt. 1818 ließ Friedrich Wilhelm III. zur Erinnerung an die Kriegsjahre 1813–15 auf dem Berg ein Denkmal in Form eines eisernen Kreuzes errichten.
31,29 f. *Altweibergestalten:* Vogelscheuchen mit Strohhut und Korb (Kiepe).
31,32 *Papilloten:* (frz.) Haarwickel.
32,11 *Dorotheenstädtschen Kürche:* Die Dorotheenstädti-

sche Kirche wurde 1678–87 von der Kurfürstin Dorothea (1636–89), der zweiten Frau des Kurfürsten Friedrich Wilhelm, gebaut. In dieser Kirche ließ Friedrich Wilhelm II. durch Johann Gottfried Schadow (1764–1850) 1788–91 ein Denkmal in Form eines Wandgrabmals für seinen früh verstorbenen Sohn, Alexander Graf von der Mark (1779 bis 1787), errichten. Dieser war ein illegitimer Sohn des Königs und der Tochter eines Trompeters, Wilhelmine Enke, der späteren Gräfin von Lichtenau (1753–1820). Um diese Vorgänge dreht sich die folgende Unterhaltung.

32,15 *Corps de Logis:* (frz.) das Mittel- oder Hauptgebäude eines Schloßbaus.

32,37 f. *Legitimitätsgefühle:* hier: Standesgefühl.

33,3 f. *dethronisieren:* entthronen.

33,7 *Charlottenburger Schlosses:* erbaut 1696–99 von dem Berliner Bildhauer und Baumeister Andreas Schlüter (1660–1714). Die Kuppel aus dem Jahre 1705 stammt von dem Baumeister Eosander von Göthe (1669–1728).

33,18 *Staketenzaun:* Lattenzaun.

33,30 f. *Equipagen:* (frz.) herrschaftliche Kutschen.

34,2 f. *enthusiasmierten sich:* freuten, begeisterten sich.

34,15 *Es ist nichts so fein gesponnen:* sprichwörtl. Redensart, es ist nichts so fein gesponnen, es kommt doch ans Licht der Sonnen. Auf Bibel und antike Sentenzen zurückgehend, auch in Grimms Kinder- und Hausmärchen (Nr. 115), bes. bekannt geworden durch Adelbert von Chamissos (1781–1838) Gedicht »Die Sonne bringt es an den Tag« (1827).

34,25 *bourgeoise:* (frz.) Bürgerin, hier im Sinne des Standesunterschieds gemeint. Den Typ einer Bourgeoise im spezifischen Sinn hat Fontane in dem Ende des 19. Jh.s spielenden gesellschaftskritischen Roman »Frau Jenny Treibel« (1893) geschildert.

34,27 f. *Un teint de lys et de rose:* (frz.) Ein Teint wie von Lilien und Rosen.

34,37 *Pläsanterien:* altertümlich für ›Scherze‹.

35,5 *espritvoll:* (frz.) geistvoll.

35,5 *Mokanterie:* Spott; veraltete Form des Substantivs zu: mokant (frz.) ›spöttisch, spottlustig‹.

35,21 *Roturier:* (frz.) Bürgerlichen, Nichtadligen.

35,30–32 *Sancho Pansa ... Don Quixote:* die beiden Hauptfiguren – Diener und Herr – des Romans »Don Quijote« (2 Teile, 1605, 1615) des span. Dichters Miguel de Cervantes Saavedra (1547–1616).

35,34 *medisieren:* lästern.

35,35 *au fond:* (frz.) im Grunde.

35,36 *La Mancha:* span. Landschaft auf der Hochfläche von Neukastilien, Heimat Don Quijotes.

36,1 f. *exzentrisch:* überspannt, absonderlich.

36,3 *infernalen:* höllischen.

36,10 *post festum:* (lat.) wörtl. ›nach dem Fest‹, im nachhinein.

36,19 *Ulm ... Austerlitz:* zwei Städte, die zwei Siege Napoleons im Jahre 1805 signalisieren: in Ulm kapitulierte am 17. Oktober ein Teil der österreich. Armee, bei Austerlitz wurden am 2. Dezember die verbündeten österreich.-russ. Truppen geschlagen.

36,21 f. *korsischen Thron- und Kronenräuber ... Bonaparte:* Napoleon I. entstammte einer Mitte des 16. Jh.s nach Korsika eingewanderten Patrizierfamilie B(u)onaparte.

36,24 *Fanfaronaden:* aus frz. fanfaron ›Prahlhans‹ abgeleitet; Großsprechereien.

36,25 f. *Braunschweig und Hohenlohe:* Karl Wilhelm Ferdinand, Herzog von Braunschweig (1735–1806) und Friedrich Ludwig Fürst zu Hohenlohe-Ingelfingen (1746 bis 1818), zwei preuß. Generäle, die gegen das revolutionäre Frankreich und gegen Napoleon kämpften.

36,36 *Parasol:* (ital.) Sonnenschirm.

37,14 *Binsen:* grasähnliche Kräuter und Stauden auf meist sumpfigem Boden, deren Halme teilweise für Flechtarbeiten verwendet werden.

37,18 *ma chère:* (frz.) meine Liebe.

37,27 *des joncs:* (frz.) Binsen.

37,29 *Kienenes:* Harziges.

39,2 *genferisch reformierte:* Genf war Sitz des Schweizer Reformators Johann Calvin (1509–64).

39,3 *Götzen:* Götze, Götzenbild: Abgott, als höheres Wesen verehrter Gegenstand.

39,5 *Genealogie:* Geschlechter- und Familienkunde, Stammbaumforschung.

39,13 *Tempelritter:* Der Templerorden wurde 1119 von Hugo von Payens (gest. 1136) zum Schutz der Jerusalem-Pilger gegründet und war bis zu seiner Auflösung im Jahre 1312 in ganz Europa verbreitet. Auf die Vorwürfe gegen den Orden, die zur Verfolgung seiner Mitglieder durch den frz. König Philipp IV. (1268–1314) und schließlich zu seiner Auflösung führten, geht Schach im Laufe des Gesprächs ein (41,20–36).

39,33 *Kossäte:* Kleinbauer, Tagelöhner.

40,6 *Schmargendorf:* ein vermutlich im 13. Jh. entstandenes Dorf (urspr. Markgrafendorf) südwestl. Berlins, jetzt Ortsteil des Berliner Verwaltungsbezirks Wilmersdorf.

40,10 *der russische General:* Im Verlauf des Siebenjährigen Kriegs (1756–1763) wurde Berlin im Oktober 1760 durch ein russ. Heer unter dem General Gottlieb Heinrich von Tottleben (1710–73) besetzt.

40,20–22 *Du sollst ... seinem Antlitz:* Fontane hat diesen Spruch, dem sagenhaften Charakter des Geschehens entsprechend, offenbar erfunden: soweit zu sehen, gibt es in der Bibel weder diese noch eine ähnlich lautende Stelle. Zur Bedeutung des Gebots s. Gerhard Kaiser (Kap. III,2 Forschungsliteratur).

40,37 *›Nathan‹:* Lessings dramatisches Gedicht »Nathan der Weise« (1779), in dem ein junger Tempelherr eine Rolle spielt.

41,11 *Fehrbellin:* In der Schlacht bei Fehrbellin am 28. 6. 1675 schlug Kurfürst Friedrich Wilhelm die Schweden und wurde seitdem der ›Große Kurfürst‹ genannt.

41,11 f. *Achim von Haake:* wohl eine erfundene Gestalt. Vertreter der Familie von Haake (Hake), wenn auch kein

Achim von Haake, finden sich in den einzelnen Bänden der »Wanderungen durch die Mark Brandenburg« (1862–86) und auch im Band »Fünf Schlösser« (1889).

41,16 *vorgotischen Formen:* Die der Gotik vorangehende, erste große und zusammenhängende Stilperiode mittelalterlicher Kunst, die Romanik, reicht von ca. 950 bis gegen 1200.

42,6 *Kleid:* weißer Mantel mit achteckigem rotem Kreuz.

42,7 *Supraweste:* eng anliegende Uniformweste der Offiziere des Regiments Gensdarmes.

42,14 *Philipp le Bel:* (frz.) Philipp der Schöne, der schon erwähnte Philipp IV., seit 1285 König von Frankreich.

42,23 f. *jeu d'esprit:* (frz.) geistreiches Spiel.

43,17 f. *die beiden Gensdarmentürme:* die architektonisch einander ähnlichen Türme des Französischen und des Deutschen Doms, die nach dem Vorbild der beiden Marienkirchen auf dem Platz del Popolo in Rom von den Baumeistern Karl von Gontard (1731–91) und seinem Schüler Georg Christian Unger (1743–1812) geschaffen wurden.

V. Victoire von Carayon an Lisette von Perbandt

43,21 *Perbandt:* ebenso wie der 44,1 erwähnte *Romberg* Name alter preuß. Offiziersfamilien.

43,22 *Ma chère Lisette:* (frz.) Meine liebe Lisette.

44,6 *masurische Heimat:* Landschaft im Süden des ehemaligen Ostpreußen.

44,16 *Apropos:* (frz.) übrigens.

44,16 f. *Birkenwasser:* süßes alkoholhaltiges Getränk, das aus dem Frühjahrssaft der Birke gewonnen wurde.

44,37 *Konsistorium:* (lat.) hier: oberste Verwaltungsbehörde einer evangel. Landeskirche.

47,13 *polemische Literatur:* kämpfende, kritisch befehdende Literatur.

47,14 *Massenbach:* Christian von Massenbach (1758–1827), preuß. Oberst und Militärschriftsteller.

47,14 *Phull:* Karl Ludwig August von Phull (1757–1826), preuß. Militärschriftsteller.

VI. Bei Prinz Louis

48,5 *Wilhelmstraße:* benannt nach König Friedrich Wilhelm I.

48,10 *Moabiter Land:* zur Zeit der Handlung des Romans eine nordwestl. Berlins, am rechten Ufer der Spree gelegene frz. Kolonie, heute Stadtteil des Berliner Verwaltungsbezirks Tiergarten.

48,18 *Interimsrock:* wörtl. ›Zwischenuniform‹, hier: kleine Galauniform.

48,24 *Westlisiere:* (frz.) Westgrenze, Westrand.

48,27 *Podium:* hier: oberster Treppenabsatz.

48,34 *Vestibül:* (frz.) Vorsaal.

49,12 *A la guerre ... la guerre:* (frz.) Im Krieg (geht es eben zu) wie im Krieg.

49,13 *Gourmet:* (frz.) Feinschmecker.

49,21 *laisser passer:* (frz.) gehenlassen, wirtschaftspolitisches Schlagwort für die freie Entwicklung der Wirtschaft ohne Eingriff des Staates; eigtl. frz. laissez faire, laissez passer (aller) ›laßt machen, laßt gehen‹.

49,28 *Prätension:* alte Schreibung für Prätention ›Anmaßung‹.

49,30 *Ulm:* vgl. Anm. zu 36,19.

49,34 f. *vorjährige thüringische Aufstellung:* Obgleich Preußen am 3. Koalitionskrieg gegen Napoleon nicht teilnahm, wurde die Armee im Herbst 1805 in Thüringen gesammelt.

49,36 *Ah, ces Prussiens ... Autrichiens:* (frz.) Ah, diese Preußen sind noch viel dümmer als die Österreicher.

50,5–7 *Haugwitz .... Hannover:* vgl. Anm. zu 4,13.

50,8 *preußische Adler:* Der Adler, neben dem Löwen das verbreitetste aller Wappentiere, war auch Wappentier des preuß. Königreichs.

50,18 *Lombard:* Johann Wilhelm Lombard (1767–1812),

Prinz Louis Ferdinand von Preußen. Gemälde von Karl von Steuben. Aus: »Prinz Louis Ferdinand von Preußen«, herausgegeben von Hans Wahl, Weimar 1917

preuß. Staatsmann, beeinflußte maßgeblich die außenpolitischen Entscheidungen Friedrich Wilhelms III. und galt nach der Niederlage von Jena und Auerstedt am 10. 10. 1806 als der eigentlich Schuldige am Zusammenbruch Preußens.

50,24–33 *sein Vater ... dem deinigen:* vgl. hierzu Sagave (S. 105 f.): »Minister Haugwitz wird bei Clausewitz als gewissenlos, sein Kabinettsrat, Lombard, als leichtsinnig bezeichnet. Die im ›Schach‹ leicht abgeänderte Lombard-Anekdote ist bei Clausewitz (›Nachrichten über Preußen‹, S. 450) belegt: ›Er war von der französischen Kolonie und von geringer Geburt. Sein Vater war Perruquier; er heiratete in der Folge die Tochter eines Regimentschirurgus, die bekanntlich in der preußischen Armee ihre Laufbahn als Kompagniechirurgus mit Rasieren anzufangen pflegten. Dies gab ihm Veranlassung, seine Frau, die auf dem Punkt der Abstammung etwas empfindlicher war als er, damit zu necken, indem er frug: „Quel vers préférez-vous, ma chère? L'hirondelle d'une aile rapide frise la surface des eaux, oder rase la surface des eaux; le premier me rappelle mon père, le second le tien" (Welchen Vers findest du besser, meine Liebe: Mit raschem Flügelschlag kräuselt die Schwalbe die Wasserfläche oder streicht über die Wasserfläche hin; der erste erinnert mich an meinen, der zweite an deinen Vater).‹«

50,33 *Bonmot:* (frz.) geistreiche Formulierung, Witzwort.

50,35 *Selbstpersiflage:* (dt./frz.) Selbstverspottung.

50,36 *Polisson:* (frz.) Schlingel, Schelm.

51,12 *Ressourcen:* (frz.) Hilfsquellen.

51,16 *Austerlitz:* vgl. Anm. zu 36,19.

51,17 f. *Er blies ... vier Winde:* Anklang an die beiden Schlußzeilen des Gedichts »Die unüberwindliche Flotte« (1786) von Schiller. Dort heißt es: »Gott der Allmächtge blies, / Und die Armada flog nach allen Winden.«

51,18 *Armada:* (span.) bewaffnete Macht, bes. die Flotte des span. Königs Philipp II. (1527–98).

51,19 *Afflavit Deus ... sunt:* (lat.) Gott blies, und sie wurden vernichtet; Anklang an eine Stelle im Alten Testament (2. Mose 5,10) und an die Umschrift einer Denkmünze, die die Holländer zur Erinnerung an die Vernichtung der span. Flotte durch die Herbststürme des Jahres 1588 geprägt hatten.

51,22 *Höllenbrodem:* ›Brodem‹ ist der von heißen Flüssigkeiten aufsteigende Dunst.

51,23 *Odem:* ältere Nebenform für ›Atem‹.

51,29 *propreste:* ordentlichste, sauberste.

51,32 *General Lehwald:* Hans von Lehwald (1685–1768), preuß. General, wurde im Siebenjährigen Krieg 1757 bei Großjägerndorf von den Russen geschlagen.

52,11 *Empereur:* (frz.) Kaiser (Napoleon).

52,16 *Bataille:* (frz.) Schlacht.

53,5 *Hic haeret:* (lat.) hieran hängt es.

53,8 *Impromptus:* (frz.) unverhofften Einfällen.

53,16 *Kartätschen:* mit Bleikugeln gefüllte Artilleriegeschosse.

53,19 *en détail:* (frz.) im kleinen.

53,22 *en carré:* (frz.) im Viereck, in geschlossener Formation.

53,25 *Kutusow:* Michail Illarionowitsch Fürst Kutusow (1745–1813), russ. Feldmarschall, befehligte das russ.-österreich. Heer in der Schlacht bei Austerlitz.

53,28 *Ingenium:* (lat.) schöpferische Begabung, Erfindungsgabe, Genie.

53,28–30 *In meinem Wolfstornister ... Genie:* frei nach der Ballade »Neue weltliche hochteutsche Reime« (1773) von Gottfried August Bürger (1747–94), deren 8. Strophe lautet:

Traut nicht! Es regt sich hie,
In meinem Wolfstornister,
Der Kuckuck und sein Küster –
Ein Kobold – heißt Genie.
Dem schafft's gar guten Frieden,
Wem Gott solch Ding beschieden.

53,32 *Manko:* (lat./ital.) Mangel, Fehler.

53,37 *Kaiser Alexander:* Alexander I. (1777–1825), seit 1801 Zar von Rußland.

54,13 *deliciae generis humani:* (lat.) ein Titel, der auf den röm. Kaiser Titus (Titus Flavius Vespasianus, 39–81 n. Chr.) zurückgeht, der durch seine friedliebende Herrschaft den Beinamen ›amor et deliciae generis humani‹ (›Liebe und Ergötzen des Menschengeschlechts‹) erwarb.

54,30 *Teilung der Welt:* bezieht sich auf die Weltherrschaftspläne Napoleons.

55,2 *Andreaskreuz:* Der Sankt-Andreas-Orden, 1698 von Peter dem Großen (1672–1725) gestiftet, war der höchste Orden im zaristischen Rußland.

55,18 *Brenkenhof:* Franz Balthasar Schönberg von Brenkenhoff (1723–80), hoher Verwaltungsbeamter unter Friedrich dem Großen und bedeutender Nationalökonom des 18. Jh.s.

Paradoxien: (griech.) hier: Ungereimtheiten, Widersinnigkeiten.

55,21 *Reputation:* guter Ruf, Ansehen.

55,23 *König Friedrich:* der schon mehrfach erwähnte Friedrich der Große.

55,31 f. *Der letzte König von Polen:* Stanislaus II. August Poniatowski, von 1764 bis zu seiner Abdankung im Jahre 1795 König von Polen.

55,35 *Kleopatra:* Die ägypt. Königin Kleopatra VII. (69–30 v. Chr.), Geliebte Caesars (100–44 v. Chr.) und Frau des Marcus Antonius (82–30 v. Chr.), gab sich nach der Schlacht bei Aktium (31 v. Chr.) durch Schlangenbiß den Tod.

56,8 f. *Abschluß eines Bündnisses:* Kaiser Alexander hatte sich Ende Oktober / Anfang November 1805 in Berlin und Potsdam aufgehalten (vgl. hierzu und zum Folgenden auch die Darstellung von Schwebel in Kap. IV. dieses Bandes).

56,10 *Gruft Friedrichs des Großen:* in der Potsdamer Garnisonkirche (vgl. Anm. zu 125,23).

56,11 *halbmystische:* fragwürdig geheimnisvolle, dunkle.

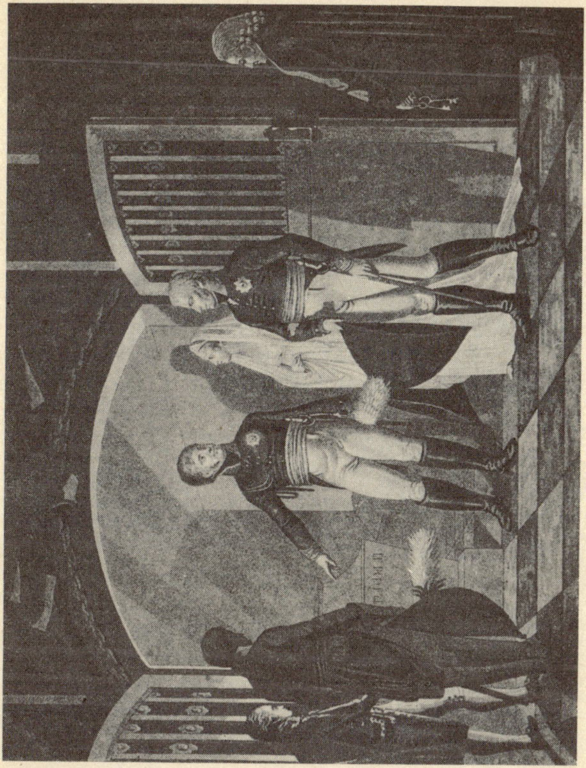

Abschied Alexanders I. am Sarge Friedrichs des Großen, 1805. Stich von J. Berka nach Le Gros. Aus: Gertrude Aretz, »Königin Luise«, Dresden 1927, nach S. 256

56,16 *Beautés:* (frz.) Schönheiten.
56,17–20 *beauté coquette ... sentiment:* (frz.) kokette, alltägliche, himmlische, teuflische Schönheit und ›Schönheit, die allein wahres Gefühl erweckt‹.

VII. Ein neuer Gast

56,27 *Capriccio:* (ital.) in der Musik ein lustiges Tonstück; hier: scherzhaftes Thema.
57,1 *Dussek:* Johann Ladislaus Dussek (1760–1812), ein zu seiner Zeit berühmter böhmischer Pianist und Komponist, der zahlreiche Reisen durch Europa unternahm und vorübergehend zum Kreis des Prinzen gehörte.
57,2 *Mieux ... jamais:* (frz.) besser spät als nie.
57,5 *tutti quanti:* (ital.) alle beieinander.
57,7 *Asti, Montefiascone:* zwei berühmte ital. Muskatellerweine.
Tokaier: ein ebenso berühmter ungar. Wein aus dem Gebiet von Tokaj.
57,27 *in unserem Haupt und Führer:* Iffland, vgl. Anm. zu 12,15.
57,29 *Theateremeute:* Emeute: (frz.) Aufruhr, Meuterei.
57,32 *belles ... arts:* (frz.) schönen Wissenschaften und Künsten.
57,32 f. *›Huldigung der Künste‹:* Anspielung auf Schillers letzte vollendete Dichtung, das Festspiel ›Die Huldigung der Künste‹, das am 12. 11. 1804 zu Ehren des Weimarer Erbprinzen Karl Friedrich und seiner Gemahlin, der russ. Großfürstin Maria Paulowna, uraufgeführt wurde.
57,35 *Reflexionen:* Überlegungen, Erörterungen.
57,37 f. *Retardierung:* Verzögerung.
58,3 f. *Orden, von dem die Rede war:* der Orden, von dem in Berliner Schauspielerkreisen gesprochen wurde. Iffland erhielt erst 1811 den Roten Adlerorden dritter Klasse, der als weniger bedeutende Auszeichnung galt.
58,6 *skandierte:* sprach im Takt.
58,6 f. *Parturiunt ... mus:* (lat.) Berge kreißen, (aber nur)

eine lächerliche Maus wird geboren, geflügeltes Wort aus der »Dichtkunst« (Ars poetica, V. 139) des lat. Dichters Horaz (Quintus Horatius Flaccus, 65–8 v. Chr.).

58,25 *Maçon:* (frz.) Freimaurer, vgl. Anm. zu 12,16.

58,32 *Chi va ... sano:* (ital.) Wer leise geht, geht sicher.

58,33 *pianissimo:* (ital.) höchste Steigerung von piano, sehr leise.

58,36 f. *Rüchels Namen:* Ernst Philipp von Rüchel (1754–1823), preuß. General und einflußreicher Führer der *Hofgeneralität.*

59,1 f. *Histrionentum:* Schauspielertum.

59,3 *der neronischen Zeiten:* Der röm. Kaiser Nero (37–68), der die Christen grausam verfolgen ließ, trat selbst als Sänger und Schauspieler auf.

59,7 *ad acta:* (lat.) zu den Akten.

59,8 *chagriniert:* bekümmert, verärgert.

59,27 f. *eines neuen Königreichs Utopien:* eines unwirklichen, nur erdachten Idealstaates oder Gesellschaftszustandes.

59,34 *Multiplikationen:* hier: Zunahmen, Vermehrungen. *Ordensflora:* eine Fontanesche Wortbildung, Flora (Name einer altital. Frühlingsgöttin) bezeichnet die Pflanzenwelt eines bestimmten Gebietes.

59,35 *Linnésche System:* vgl. Anm. zu 18,35.

60,3 *Quincaillerie:* (frz.) Blech- und Eisenwaren.

60,5 *Kalkreuth:* Friedrich Adolf Graf von Kalckreuth (1737–1818), preuß. Feldmarschall, der den 1701 gestifteten Schwarzen Adlerorden, den höchsten Orden des Königreichs Preußen, erst im Jahre 1793 erhielt.

60,7 *Alles ist eitel:* nach dem Alten Testament, Prediger Salomon 1,2 und 12,8.

60,21 f. *Admiral Sidney Smith:* brit. Admiral (1764–1840), der die syrische Hafenstadt St. Jean d'Acre (Akkon) 1799 gegen die Franzosen verteidigt hatte.

60,26 *König Richards Cœur de Lion:* (frz.) der engl. König Richard I. Löwenherz (1157–99), der Akkon 1191 erobert hatte.

61,15 *Sinumbralampe:* Öllampe, die nur geringen Schatten warf (lat. sine umbra = ohne Schatten).

61,36 *Pauline:* Pauline Wiesel, Frau eines preuß. Kriegsrats, eine der Geliebten des Prinzen, Freundin der *Rahel* Levin (vgl. Anm. zu 10,10).

62,4 *Massowschen Kinderballe:* s. dazu Sagave, S. 107f.: »Der berühmte Kinderball, den Friedrich Wilhelms III. Hofmarschall Massow am 27. Februar 1803 gab, ist vor Fontane bereits mehrmals beschrieben worden, so im Anfangskapitel von Hesekiels Roman ›Vor Jena‹. Kotzebue erzählt im ›Freymüthigen‹ (März 1803) von diesem Fest, bei dem seine drei Kinder im Ballett mitwirkten. Streckfuß (›500 Jahre Berliner Geschichte‹, I., S. 557) berichtete: ›Kinderbälle gehörten zu den beliebtesten Vergnügungen des Hofes (...). Es war die sentimentale Sittenstrenge und Häuslichkeit des Königspaares, welche (...) die Kinderbälle in Mode brachten. Die kleinen Prinzen und Prinzessinnen, die Kinder der vornehmsten Hof- und Staatsbeamten wurden dazu eingeladen und mußten in Kostümen zierliche Tänze aufführen.‹«

62,19 *Gentz:* Friedrich Gentz (1764–1832), Publizist, dessen Schriften eine wichtige Quelle für die Geschichte seiner Zeit darstellen. Gegner der frz. Politik unter Napoleon und Verfechter der österr. Politik unter Metternich (1773–1859).

62,20 *Buchholtz:* Friedrich Buchholz (1768–1843), Berliner Publizist, zur Zeit der Handlung des Romans Redakteur der »Vossischen Zeitung«.

62,36f. *Mais revenons ... Victoire:* (frz.) Aber kommen wir auf unsere schöne Victoire zurück.

63,1 *lebende Bilder:* Darstellung von Werken der Malerei, biblischen Szenen oder Ereignissen der vaterländischen Geschichte durch stumme und bewegungslos verharrende Personen, schon im Altertum bekannt und bis ins 19. Jh. hinein beliebt.

63,3 *Hebe:* griech. Göttin der Jugend, Tochter der Hera und des Zeus, des höchsten aller griech. Götter.

63,7 f. *Comme un ange:* (frz.) Wie ein Engel.

63,8 *Graf Neale:* nach Sagave (S. 108) Kammerherr aus einem urspr. holl. Kaufmannsgeschlecht, das 1750 geadelt worden war.

63,23 *restitutio in integrum:* (lat.) Wiederherstellung des früheren (unversehrten) Zustands.

63,29 *coupieren:* (frz.) abschneiden, hier: beseitigen.

64,1 *ci-devant:* (frz.) vordem, ehemals.

64,37 f. *Morgarten und Sempach:* zwei Schlachten des 14. Jh.s (1315 und 1386), in denen Schweizer Bauern über österr. Ritter siegten und damit die Habsburger Vorherrschaft beseitigten.

65,9 *toujours perdrix:* (frz.) immer (jeden Tag) Rebhuhn, nach einer Anekdote um den frz. König Heinrich IV. (1553–1610), der seinem Beichtvater tagelang Rebhühner servieren ließ, als dieser ihn wegen seiner zahlreichen Liebschaften tadelte.

65,11 *lymphatisch-phlegmatische:* lymphatisch: blaß; phlegmatisch: träge, schwerfällig, gleichgültig.

65,11 f. *par excellence:* (frz.) recht eigentlich, schlechthin.

65,26 f. *le laid c'est le beau:* (frz.) das Häßliche ist das Schöne; nach Shakespeares Drama »Macbeth« (I,1: Fair is foul; um 1606).

65,32 *kaptiviert:* eingenommen, betroffen.

65,35 *Honneurs:* (frz.) Ehrenerweisungen, ›die Honneurs des Hauses machen‹ die Gäste des Hauses willkommen heißen.

66,32 *Flottille:* urspr. ein Verband kleinerer Kriegsschiffe. Zum Bild der Schwäne vgl. auch die unterschiedlichen Deutungen in den in diesem Band zitierten Texten von Demetz, Müller-Seidel und Kaiser (Kap. III,2).

67,26 *Tete:* (frz.) Spitze.

VIII. Schach und Victoire

67,30 *Diner:* (frz.) hier: Festmahl.

68,1 *Revue:* (frz.) Truppenschau.

68,6–11 *unsere eigene Kraft ... fridericianische war:* eine der wenigen Stellen, in denen der Erzähler direkt hervortritt und sich gleichsam mit dem historischen Geschehen identifiziert. Das *man* des folgenden Absatzes stellt dann wieder die Distanz zum erzählten Geschehen her.

68,22 f. *zur Disposition:* zur Verfügung.

68,28 *Mantille:* (span./frz.) halblanger modischer Damenmantel aus leichtem Seidenstoff.

69,1 *Alt-Larisch, von Arnim und Möllendorff:* traditionsreiche Regimenter, die nach bekannten Regimentskommandeuren benannt waren.

69,2 *Janitscharenmusik:* ein Janitschar (türk., ›neues Heer‹) war ein Soldat des ehem. türk. Heeres; daher urspr. die türk., später jede Militärmusik.

69,5 *Sechs- und Zwölfpfünder:* Kanonen, bezeichnet nach dem Gewicht des Geschosses.

69,6 *Prag und Leuthen:* zwei preuß. Siege des Jahres 1757 über die Österreicher im Siebenjährigen Krieg.

69,7 *Valmy und Pirmasens:* zwei Schlachten (1792 und 1793) vor und während des 1. Koalitionskrieges gegen das revolutionäre Frankreich (1793–97).

69,26 *Wallenstein, die Jungfrau, Tell:* »Wallenstein« (1798/1799), »Die Jungfrau von Orleans« (1801) und »Wilhelm Tell« (1804), Dramen Schillers.

69,27 *Holbergs »Politischer Zinngießer«:* »Den politiske Kandstøber« (»Der politische Kannengießer«, 1722), eine der zahlreichen Komödien des norweg.-dän. Dichters und Historikers Ludvig Holberg (1684–1754).

69,32 *türkischen Schal:* hier, wie im 19. Jh. überhaupt, großes quadratisches Umschlagtuch aus feiner Wolle, das zum Dreieck gefaltet wurde und so Bestandteil der Damenmode war.

71,24 *Tisane:* (frz.) Arzneitrank.

72,5 f. *cercle intime:* (frz.) vertrauter Kreis.

72,14 *Großinquisitoriat:* Ein Großinquisitor war der Vorsteher der Inquisition, einer kirchlichen Institution zur

Aufspürung und Bestrafung von Ketzern, die im 12. Jh. eingerichtet wurde.

72,31 *Räuber:* hier: langer rußender Docht.

72,35 f. *Debauchenprinz:* Fontanesche Wortbildung: frz. débauché ›Schlemmer, Wüstling‹.

73,13 f. *Wasser- und Feuerprobe:* zwei Hauptformen des mittelalterlichen Gottesurteils, das auf dem Glauben beruht, daß ein Beschuldigter seine Unschuld durch eine Probe, in der ihn die Gottheit gegen alle Naturgesetze beschützt, beweisen kann.

73,16 *exzeptionell:* außergewöhnlich.

73,21 *balancieren:* gleichen aus.

74,4 *Rousseau:* Jean-Jacques Rousseau (1712–78), frz.-schweiz. Schriftsteller und Philosoph, der ganze Generationen des 18. Jh.s nachhaltig beeinflußte.

74,11 *Weil er mir nähersteht:* Graf Mirabeau (vgl. Anm. zu 5,15) war durch Blatternarben entstellt.

IX. Schach zieht sich zurück

78,15 f. *Geist und Jahrhundert der Reformation:* Gemeint ist das 16. Jh., in dem Martin Luther (vgl. Anm. zu 12,14) für die Reformation (Erneuerung, Umgestaltung) der kathol. Kirche kämpft und Mitte des Jh.s ihre Spaltung und die Gründung der evangel. Kirche bewirkt.

78,16 *Jesuitismus:* vgl. Anm. zu 12,13.
Mystizismus: hier: Wunderglaube, Glaubensschwärmerei.

78,19 *das Bild Albrecht Dürers:* ein Kupferstich aus der ›Kupferstichpassion‹ des spätmittelalterlichen Malers und Graphikers Albrecht Dürer (1471–1528).

78,21 *Altarblatt in Soest:* Gemeint ist ein Glasfenster der Kirche St. Maria zur Wiese in der westfälischen Kreisstadt Soest.

78,24 *Anachronismus:* falsche zeitliche Einordnung.

78,32 *Fauxpas:* (frz.) ›Fehltritt‹, Taktlosigkeit.

79,29 *prédicateurs:* (frz.) Prediger.

79,31 *importance:* (frz.) Bedeutung.

79,36 *die Bethmann:* Friederike Bethmann (1766–1815), gefeierte Schauspielerin und Sängerin, seit 1788 in Berlin.

80,10 f. *weggeschubbert:* umgspr. ›abgetreten, abgeschliffen‹.

X. »Es muß etwas geschehen«

80,30 *Radziwills:* bedeutendes poln. Adelsgeschlecht urspr. litauischer Herkunft, das sich im 17. und 18. Jh. mehrfach mit den Hohenzollern verschwägerte und zur Zeit der Handlung des Romans im gesellschaftlichen Leben Berlins eine große Rolle spielte.
Carolaths: s. Anm. zu 30,25 f.

81,17 *divertieren:* ergötzen, belustigen.

81,27 *Travestie:* ital. travertire ›verkleiden‹, Form der Satire, die ein anderes Literaturwerk dadurch verspottet, daß sie den Inhalt beibehält, diesen aber in einer lächerlichen und unpassenden Form darbietet.

81,36–82,3 *Itzenplitz ... Zieten:* Einige dieser Namen sind in der Rangliste des Regiments Gensdarmes vom Jahre 1806 enthalten (vgl. dazu auch Sagave, S. 109).

Offiziere vom Regiment Gensdarmes um 1790, links Gala, rechts Dienstuniform. Aus: Brandenburgisches Jahrbuch 1 (1926) S. 26
Beschreibung der Uniform nach der »Stammliste aller Regimenter und Corps der Königlich-Preußischen Armee. Für das Jahr 1806«, Berlin 1806, S. 214 f.: »Dunkelblaue Chemisets, ponceaurothe Aufschläge, Scherpe und Kragen. An den Collets der Unterofficiere und Gemeinen, excl. der Trompeter, sind die Seitentaschen mit rothem Tuch besetzt. Die Officiere haben eine breite goldne Tresse. Ihre Interimsuniform ist Scharlach mit blauen Aufschlägen und Kragen, auch goldenen Achselbändern, und paille Unterkleider. Auf jeder Seite der Staatsuniform sind 6 breite von Gold gestickte Schleifen, 2 auf der Tasche, 2 auf dem Aufschlage, und 4 hinten. Die Gemeinen erhielten 1804 eine schwarze Patrontasche mit simpeln weißem Riem und gelber Schnalle.«

82,5 *mit dem berühmten General:* mit dem Reitergeneral Friedrichs des Großen, Hans Joachim von Zieten (1699 bis 1786).
82,15 *Akklamation:* (lat.) Zuruf.
82,18 *Assemblée nationale:* (frz.) Nationalversammlung, ironische Anspielung auf die frz. Nationalversammlung der Jahre 1789 bis 1791.
82,21 *Pallasch:* (ung.) schwerer Säbel.
82,22 *Silentium:* (lat.) Ruhe.
83,16 *Famulus:* (lat.) Gehilfe.
83,17 *Pritsche:* der früher an Schlitten außerhalb des Kastens angebrachte Sitz für den Kutscher.
83,18 *Ad libitum:* (lat.) nach Belieben.
83,34 *Spezialmalice:* eine Fontanesche Wortbildung: Malice: (frz.) Bosheit, Tücke.
83,37f. *tête carrée:* (frz.) Quadratschädel, Dickkopf.
84,8 *lupus in fabula:* (lat.) der Wolf in der Fabel, d. h., wenn man vom Wolf spricht, ist er nicht weit. Zitat und geflügeltes Wort aus der Komödie »Adelphi« (IV,1,21) des röm. Dichters Terenz (Publius Terentius Afer, 195–159 v. Chr.).
84,16f. *Zirkular:* zirkulierendes Schreiben.
84,24f. *contre cœur war:* (frz.) ›gegen das Herz‹, gegen das Gefühl, gegen den Strich ging.
86,2 *ein »Jeu entrieren«:* (frz.) ein Spiel beginnen.
86,3 *Mariage:* (frz.) Heirat, ein Kartenspiel.
86,12 *C'est pour les domestiques:* (frz.) Das ist für die Dienstboten.
86,13 *Et pour la canaille:* (frz.) Und für das Gesindel, den Pöbel.
Kornett: die 2. Rangstufe der Offizierslaufbahn im alten preuß. Heer.

XI. Die Schlittenfahrt

87,1 *proponiert:* (lat.) vorgeschlagen, beantragt.
87,2f. *Akademiegebäude:* gelegen Unter den Linden Nr.

38, Sitz der Akademie der Wissenschaften und der Akademie der Künste.

87,10 *Beletage:* das Ober- oder Hauptgeschoß, auch der erste Stock als die beste Etage eines Hauses.

XII. Schach bei Frau von Carayon

91,18 *Degout:* (frz.) Abscheu, Ekel.

92,1 f. *Spruch von der Linken ... Rechte tut:* sprichwörtl. nach Matth. 6,3.

93,3 *Säulenheilige:* Säulenheilige waren im 4.–6. Jh. n. Chr. Mönchsasketen des vorderasiat. Raums, die ihr Leben auf einer Säule zubrachten, um Gott näher zu sein.

94,2 f. *Fackeltanz getanzt ... Strumpfband zerschnitten:* traditionelle Elemente von Hochzeitsfeierlichkeiten, die bes. am königl.-preuß. Hof bis Ende des 19. Jh.s üblich waren.

94,5 *Carte blanche:* (frz.) ›weiße Karte‹, freie Hand.

XIII. »Le choix du Schach«

94,19 *»Le choix du Schach«:* (frz.) Die Wahl Schachs.

96,4 *das Ridikül:* das Lächerliche.

96,8 *melioriere:* verbessere den Boden.

96,11 *Epistel:* (griech./lat.) der im evangel. Gottesdienst verlesene Abschnitt aus den Briefen der Apostel des Neuen Testaments.

96,12 *Whist:* (engl.) ›pst, still‹, aus England stammendes Kartenspiel mit 52 Karten, das von drei oder vier Personen gespielt wird.
en trois: (frz.) zu dritt.

96,23 *Spiegelkonsole:* aus der Wand herausragende Plattform mit einem Spiegel.

98,2 f. *Armer Schach ... geschrieben:* eine Vorausdeutung des erneut hervortretenden Erzählers, die ›zukunftsgewiß‹ das Ende des Helden anzeigt.

98,8 *Bestallung:* Ernennung.

98,12 f. *Gemmenabdruck:* der Abdruck eines Edelsteins mit tief oder erhaben eingeschnittenen Figuren.
98,21 *der persische Schach:* der persische Kaiser (Schah).
99,13 *Wilhelmsplatz:* zwischen der Mohren- und der Wilhelmstr. gelegen und ebenso wie diese nach Friedrich Wilhelm I. benannt.
99,18 *nonchalant:* (frz.) lässig, nachlässig.
99,20 *Suffisance:* (frz.) Selbstgefälligkeit, Dünkelhaftigkeit.
99,30 *normierte:* angesetzte.
100,11 *Gentilezza:* (ital.) Artigkeit.
100,14 *Mon Général:* (frz.) Mein General.
100,21 *gerierte sich:* führte sich auf.
100,25 *Prinz R.schen Kreise:* der Kreis um den Fürsten Anton Heinrich von Radziwill (1775–1833), dessen Berliner Palais im gesellschaftlich-kulturellen Leben der Stadt eine große Rolle spielte (vgl. auch Anm. zu 80,30).
100,25 f. *Gelieble:* Techtelmechtel, Flirt.
100,26 *Prinzessin:* Prinzessin von Carolath.
101,3 f. *Tout à vous:* (frz.) Ganz der Ihre.
101,7 *Intermittierend:* zeitweilig aussetzend, wechselnd.
101,12 *cause célèbre:* (frz.) berüchtigten Sache, stadtbekannten Angelegenheit.
101,19 f. *»La gazza ladra«:* (ital.) »Die diebische Elster«, zum geflügelten Wort wurde diese Bezeichnung erst durch Rossinis gleichnamige Oper (1817).
101,36 *Obersten von Schwerin:* Zur Zeit der Handlung des Romans war nicht Albert von Schwerin, sondern Karl von Elsner Kommandeur des Regiments Gensdarmes (Sagave, S. 109).

XIV. In Wuthenow am See

102,12 *Schloß Wuthenow:* eine Erfindung Fontanes. Als Vorbild diente Schloß Wustrau, das der Dichter im ersten Band seiner »Wanderungen« (Die Grafschaft Ruppin, 1862) schildert.
102,25 *Sanssouci:* (frz.) ›Sorgenfrei‹, Lustschloß Friedrichs

des Großen, das sich dieser, z. T. nach eigenen Entwürfen, 1745–47 von Georg Wenzeslaus von Knobelsdorff (1699–1753) erbauen ließ.

103,15 f. *Alkoven:* Bettnische, zum Schlafen bestimmter fensterloser Nebenraum.

103,27 *Schwefelfaden:* in flüssigen Schwefel getauchter Faden, der am glimmenden Zunderschwamm entzündet wurde und zum Anmachen von Licht oder Feuer diente.

104,7 *Poggen:* (plattdt.) Frösche.

104,11 *Tüffeln:* (plattdt.) Kartoffeln.

105,21 *Huut:* (plattdt.) Haut.

108,34 *Karwe ... den Knesebecks:* der Familie des preuß. Generalfeldmarschalls Karl Friedrich Freiherr von dem Knesebeck (1768–1848) aus Karwe bei Neuruppin (s. die »Wanderungen«, Die Grafschaft Ruppin).

109,12 *Rhin:* rechter Nebenfluß der Havel.

110,8 *Prinzeß Ferdinand:* Anna Elisabeth Luise von Brandenburg-Schwedt (1738–1820), die Gattin des Prinzen August Ferdinand von Preußen (1730–1813) und Mutter des Prinzen Louis Ferdinand. Unbewiesen ist der in der Forschung bis heute geäußerte Verdacht, daß Graf Wilhelm von Schmettau (1742–1806), der Adjutant des Prinzen August Ferdinand, der Vater Louis Ferdinands war.

110,8 f. *der schönen Radziwill:* Luise Friederike von Preußen (1770–1836), Schwester des Prinzen Louis Ferdinand und Gattin des Fürsten Anton Heinrich von Radziwill (vgl. auch Anm. zu 100,25).

110,9 f. *Est-elle riche? ... je cromprends:* (frz.) Ist sie reich? Ohne Zweifel. Ah, ich verstehe.

110,33 *Hätt et wedder spökt?:* (plattdt.) Hat es wieder gespukt?

111,2 *Gnitzen:* (plattdt.) kleine Mücken.

111,10 *dat ihrst:* (plattdt.) das erste.

111,14 *ob et feif is o'r söss':* (plattdt.) ob es fünf ist oder sechs.

111,19 *Wehdag:* (plattdt.) Schmerzen.

111,20 *dahl:* (plattdt.) nieder.

111,28 *Pfeffer- und Koriandermixtum:* Mischung aus Pfeffer- und Korianderkraut.

111,34 f. *Anekdoten aus dem Leben des Großen Königs:* s. dazu Sagave, S. 110: »›Du, du‹. Illustration einer Lesebuchanekdote über Friedrich den Großen. In der Schlacht von Soor (1745) soll der König sich zu weit von den preußischen Linien entfernt und plötzlich einem riesigen Panduren gegenüber gestanden haben, der Miene machte, sich auf ihn zu stürzen. Friedrich soll ihn durch Erheben seines Degens und die drohenden Worte ›du, du!‹ in die Flucht geschlagen haben. – ›Bonsoir, Messieurs‹. Eine verbürgte Anekdote. Nach dem Sieg von Leuthen (1757) drang Friedrich fast ohne Begleitung in den Speisesaal des unerwarteterweise noch von österreichischen Offizieren besetzten Schlosses Lissa ein. Den überraschten Österreichern rief er geistesgegenwärtig zu: ›Bonsoir, Messieurs, gewiß sind Sie mich hier nicht vermutend, ist hier noch Platz vor mich?‹«

111,36 *Bon soir, Messieurs:* (frz.) Guten Abend, meine Herren.

112,1 *Immortellenkränze:* Immortellen: (lat./frz.) ›Unvergängliche‹, im Deutschen auch ›Strohblumen‹. Blumen mit trockenen Blütenblättern, die lange ihre Form und Farbe behalten, vor allem in der Kranzbinderei verwendet. In Fontanes Werken (z. B. »Effi Briest«) haben diese Blumen symbolische Bedeutung, sie deuten Einsamkeit und Sterben an.

112,31 *preestern:* (plattdt.) predigen.

112,35 *abstötten:* (plattdt.) abstoßen.

113,5 *Teihn:* (plattdt.) Zähne.

114,25 *den Schwarzen Adler:* 1701 gestifteter, höchster Zivilorden des Königreichs Preußen.

114,26 *pour le mérite:* (frz.) ›für das Verdienst‹, von Friedrich dem Großen 1740 gestifteter, höchster preuß. Kriegsorden, wurde bis 1918 verliehen.

114,26 f. *Malplaquet:* Dorf im frz. Verwaltungsbezirk

Nord, berühmt durch den Sieg österr.-preuß.-engl. Truppen über die Russen am 11. 9. 1709.

114,27 *Redoute:* (frz.) hier: Schanze.

114,29 *Regiment Itzenplitz:* August Friedrich von Itzenplitz (1693–1759), Regimentschef und Generalleutnant unter Friedrich dem Großen.
Hochkirchner Kirchhof: Bei Hochkirch in Sachsen wurde die preuß. Armee am 14. 10. 1758 von den Österreichern geschlagen.

XV. Die Schachs und die Carayons

116,22 *aigrierte sie sich:* (v)erbitterte sie sich.

118,26 *Obotritenadel:* Die Obotriten bildeten einen elbslavischen Stammesverband, der sich im 7. Jh. in Westmecklenburg und Ostholstein ansiedelte.

118,35 f. *Generalpächterstochter:* Generalpächter waren vor allem im Frankreich des 18. Jh.s Pächter, die gegen Zahlung einer pauschalen Summe an den Staat die Steuern und Abgaben eines bestimmten Gebiets einzogen.

118,36 *Roturière:* (frz.) Bürgerlichen, Nichtadligen.

119,19 *devotest:* ergebenst.

119,20 *Pontaknase:* Rotweinnase.

119,25 f. *Brandenburger ... Havelberger Dom:* zwei bedeutende Dome aus der 2. Hälfte des 12. Jh.s, der Spätzeit der Christianisierung der Mark Brandenburg.

119,27 f. *Oh, ces pauvres ... Carayons:* (frz.) Oh, diese armen Leute, die unglücklichen Carayons.

119,29 f. *Gironde:* frz. Fluß (Mündungstrichter der vereinigten Garonne und Dordogne) und größter frz. Verwaltungsbezirk mit der Hauptstadt Bordeaux.

119,30 *Girondins:* Angehörige einer republikanischen Bewegung zur Zeit der Französischen Revolution, deren Führer aus dem Verwaltungsbezirk Gironde kamen.

119,31 *Guillotine:* (frz.) Fallbeil, benannt nach dem frz. Arzt Joseph Ignace Guillotin (1738–1814), der jedoch nicht der Erfinder der Guillotine ist.

119,32 f. *Geschrei des Berges:* ›Berg‹ (frz. Montagne) war die Bezeichnung der radikalen Partei in der Gesetzgebenden Versammlung und dem Nationalkonvent während der Französischen Revolution, hergeleitet von den oberen Bänken des Sitzungssaales.
119,33 *das Leben ihres Königs:* Ludwig XVI. von Frankreich (1754–93) wurde am 21. 1. 1793 hingerichtet.
120,11 *Lusignan:* seit dem 10. Jh. bekanntes frz. Adelsgeschlecht, aus dem viele Könige der Kreuzfahrerstaaten hervorgingen und als dessen Stammutter die Nixe Melusine galt.
120,12 f. *Großprior des hohen Ordens vom Spital:* der zweithöchste Führer eines der geistlichen Ritterorden der Zeit des hohen Mittelalters.
121,8 *hautain:* (frz.) hochmütig.
121,12 *lâcheté:* (frz.) Angst.

XVI. Frau von Carayon und der alte Köckritz

122,7 *der alte Köckritz:* Karl Leopold von Köckritz (1744–1821), bis 1810 Generaladjutant Friedrich Wilhelms III.
122,17 *Affront:* (frz.) Beleidigung, Schimpf.
122,21 *Sr. Majestät:* Seiner Majestät.
122,26 *dem allgemeinen Verzuge:* dem allgemeinen Liebling.
122,26 f. *Bonbonniere:* (frz.) luxuriös ausgestattete Pralinenpackung.
122,33 *»Einsiedler«:* ältestes und vornehmstes Gasthaus von Potsdam, benannt nach seinem Erbauer, Gottfried Emanuel von Einsiedel (1690–1745).
123,7 *Paretz:* Dorf und königl. Schatullgut (Privatgut) im ehem. preuß. Regierungsbezirk Potsdam, Kreis Osthavelland, Lieblingsaufenthalt der Königin Luise (s. die »Wanderungen«, Havelland, 1873).
123,11 f. *der »hochnotpeinlichste«:* der Gang zur Hinrichtung.

Schloß Paretz. Aus: Friedrich Adami, »Luise Königin von Preußen«, Gütersloh [13]1890, vor S. 81

124,14 *Order:* hier: Anweisung, Befehl.

124,33 *Marmorpalais:* 1787–93 im Auftrag Friedrich Wilhelms II. von Gontard und Langhans erbaut und nach seinem Säulengang aus Marmor benannt.

124,36 *weiland:* veraltet für ›vormals, einstmals, ehemals‹.

125,3–5 *›den Lebensgas‹ ... bringen ließ:* s. dazu Sagave, S. 110: »Nicht Hufeland [Christoph Wilhelm Hufeland, 1762–1836], der Leibarzt der Königin Luise, sondern der Chemiker Hermbstädt [Siegmund Friedrich Hermbstädt, 1760–1833] bereitete ›den‹ Lebensgas, oder, wie er es selbst nannte, ›die Lebensluft‹ zu. Diese bestand aus Sauerstoffgas, das mit Braunstein bereitet und in Ballons aufgefangen wurde; in der Nähe des Krankenbettes ließ man das Gas ausströmen, was anfangs, durch Suggestionswirkung, dem kranken König Erleichterung verschaffte.«

125,11 *Frau Rietz:* Wilhelmine Enke (vgl. auch Anm. zu 32,11) war der Form halber mit einem Kammerdiener Rietz verheiratet.

125,23 *Garnisonskirche:* erbaut 1731–35 von Christian Friedrich Feldmann (1706–65) nach Plänen von Philipp Gerlach (1679–1748), als dessen Hauptwerk die Kirche angesehen wurde. Ihr Glockenspiel galt als eines der schönsten in Europa und spielte den Choral »Üb immer Treu und Redlichkeit« mit der Melodie zu »Ein Mädchen oder Weibchen« aus Mozarts Oper »Die Zauberflöte« (1791).

126,2 *Marquardt:* altwendisches Dorf bei Potsdam (s. die »Wanderungen«, Havelland), 1795–1858 im Besitz der Familie von Bischofswerder (s. die folgende Anm.).

126,6 *Generals von Bischofswerder:* Johann Rudolf von Bischofswerder (1741–1803), preuß. Minister und Generaladjutant Friedrich Wilhelms II., förderte mit seinen Geisterbeschwörungen die übersinnlichen Neigungen des Königs.

126,7 *konfidentieller:* vertraulicher.
Cicerone: (ital.) Fremdenführer.

126,11 *Mummeln:* Seerosen.

König Friedrich Wilhelm III. im Kreise seiner Familie (1805). Stich von J. F. Krethlow nach Heinrich Anton Dähling. Aus: Gertrude Aretz, »Königin Luise«, Dresden 1927, nach S. 144

127,5 *Rubber Whist:* (engl.) Doppelpartie beim Whist (s. Anm. zu 96,12).
127,21 *Jabot:* (frz.) Hemdkrause.
128,24 *zu permittieren:* zu erlauben.
128,27 *moralité:* (frz.) Moral, Sittlichkeit.
128,29 *Que vous êtes bon, mon cher Général:* (frz.) Wie gütig Sie sind, mein lieber General.
129,6 *Fortuna:* (lat.) röm. Glücks- und Schicksalsgöttin.
129,33 *Josua Reynolds:* Sir Joshua Reynolds (1723–92), engl. Porträtmaler, der bedeutendste Bildnismaler seiner Zeit in England.
129,34 *Gainsborough:* Thomas Gainsborough (1727–88), engl. Landschaftsmaler.
129,35 *büßende Magdalena:* Gestalt des Neuen Testaments, Motiv zahlreicher Gemälde von Malern des 16. und 17. Jh.s.
129,36 *Correggio:* Antonio Allegri, gen. Correggio (1489–1534), bedeutender ital. Maler des 16. Jh.s.
130,15–17 *»Frau von Carayon? ... Damals ...«:* Ausdruck der unbeholfenen Sprechweise Friedrich Wilhelms III., die Fontane hier in charakterisierender und zugleich sprachkritischer Weise nachahmt.

XVII. Schach in Charlottenburg

131,15 f. *Landwehrgraben:* ein Seitenarm der Spree.
131,19 *türkischen Zelt:* eines der besuchtesten Kaffeehäuser der Stadt, gelegen in Charlottenburg, Berliner Str. 9 und benannt nach einem nach Art eines türk. Zeltes ausgemalten Saal.
131,21 *Morellischen Kaffeehause:* am Charlottenburger Schloßpark gelegen und nach seinem Besitzer benannt.
131,29 f. *die glotzäugigen blauen Riesen Friedrich Wilhelms I.:* wohl die ›langen Kerls‹ des ›Soldatenkönigs‹, der eine bes. Vorliebe für großgewachsene Soldaten hatte.
132,8 *enfin*: (frz.) schließlich.
132,12 *honnêteté:* (frz.) Ehrenhaftigkeit.

Schloß Charlottenburg. Aquarell von J. A. Calau. Aus: Gertrude Aretz, »Königin Luise«, Dresden 1927, nach S. 128

132,19 *Remedur:* Abhilfe.
132,22 *Marienfließ oder Heiligengrabe:* adlige Damenstifte in der Mark Brandenburg.
132,37 *faunartig:* ein Faun (lat. faunus ›der Wohlwollende‹) war ein röm. Fruchtbarkeits-, Feld- und Waldgott von oft koboldartigem Aussehen.
133,3 *Fräulein von Viereck:* nach Sagave (S. 111) Doris von Viereck, eine der historisch nachweisbaren Hofdamen der Königin.
133,5 *Honneurs:* (frz.) hier: die militärischen Ehrenerweisungen.
133,17 *question d'amour:* (frz.) Liebesangelegenheit.
136,3 f. *Cottbusser ... Kümmel:* Berliner Weißbiersorte und Kümmellikör.
136,8 *et payer les pots cassés:* (frz.) und die zerschlagenen Töpfe bezahlen.

XVIII. Fata Morgana

136,10 *Fata Morgana:* eine Luftspiegelung entfernter Gegenstände und Landschaften, nach altem Volksglauben das Werk der arabischen Fee (ital. fata) Morgana.
138,18 f. *Konsistorialrat:* höherer Beamter einer evangel. Kirchenbehörde.
138,33 f. *Lagunen ... Gondel:* scherzhafter Vergleich zwischen den märkischen und den venezianischen Verhältnissen; eine Lagune ist ein durch eine Reihe von Inseln oder durch einen Landvorsprung vom offenen Meer abgetrenntes Flachwassergebiet vor einer Küste, die Gondel das typisch venezianische, z. T. überdachte und verzierte Boot für die Kanäle der Stadt.
138,36 *Seufzerbrücke:* führt in Venedig vom Dogenpalast zum Gefängnis, so benannt wegen der Seufzer der Verurteilten.
139,6 *balancierte:* hier: ausglich.
139,13 *Empressement:* (frz.) Eifer, Bereitwilligkeit.
139,23 *en vue:* (frz.) hier: zum Thema.

Königin Luise von Preußen (1802). Gemälde von Joseph Grassi. Aus: »Königin Luise«, herausgegeben von Karl Griewank, Leipzig 1925

139,31 *Sireneninseln:* Sirenen sind griech. Sagengestalten (menschenköpfige Vögel), die nach der »Odyssee« des griech. Epikers Homer (9. Jh. v. Chr.) auf ferngelegenen Inseln hausen und die vorbeifahrenden Schiffer mit ihrem Gesang anlocken und dann zerreißen. Um den Verlokkungen nicht zu erliegen, ließ sich Odysseus, der Held der »Odyssee«, an den Mast seines Schiffes binden.

140,5 *Laterna magica:* (lat.) Zauberlaterne, im 17. Jh. entwickelter Projektionsapparat, der Vorläufer des modernen Projektors.

140,7 *Triften:* hier: Weideflächen, Wiesen.

140,12 *Tamburin:* Handtrommel mit Schellen, altes Musikinstrument südeuropäischer Länder.

XIX. Die Hochzeit

141,6 *Indifferenz:* Gleichgültigkeit.

141,18 *Toast:* (engl.) Trinkspruch.

141,24 *ägyptischen Wundervogel:* offenbar der zur Familie der Störche gehörende Ibis, der im alten Ägypten ein heiliger Vogel war.

141,31 *Schildpattkamme:* aus den getrockneten Hornplatten vom Panzer der Karettschildkröte hergestellter Kamm.

142,6 *dem Weibe Ruth:* Gestalt aus dem gleichnamigen Buch des Alten Testaments (2,2).

142,8 *Melonenkürche:* scherzhafte Bezeichnung für die Dreifaltigkeitskirche, so genannt wegen der Form ihrer Kuppel (vgl. auch Anm. 2 zu 28,14).

143,6 *Jostyschen Devisenbonbons:* Gebäck in Form von Figuren, in die kleine Zettel mit Sinnsprüchen (Devisen) eingebacken waren. Die Schweizer Firma Josty, 1796 gegründet und am Schloßplatz, Stechbahn Nr. 1 gelegen, war eine über Berlin hinaus bekannte Konditorei.

144,37 *On revient ... premiers amours:* (frz.) wörtl.: man kehrt immer zu seiner ersten Liebe zurück, ›alte Liebe rostet nicht‹. Geflügeltes Wort aus der 1814 in Paris aufgeführten Oper »Joconde« von Niccolo Isouards (1775–1818), Text von Charles Guillaume Étienne (1778–1845).

146,4 *Damn ... What's that?:* (engl.) Verdammt, was war das?

146,6 *en doter Feldwebel:* volkstümlich-scherzhafter Ausruf beim Stolpern.

146,7–10 *Oh no ... pistol-shooting:* (engl.) O nein ... Kein Stein. Es war etwas ... meine Güte ... wie ein Schuß ... Ja, ein Pistolenschuß.

146,19 *Heavens, he is dead:* (engl.) Himmel, er ist tot.

XX. Bülow an Sander

146,30 *Königsberger Zeitung:* eine der ältesten dt. Zeitungen, zur Zeit der Handlung des Romans schon »Königsberger Hartungsche Zeitung« nach dem Besitzer, dem Königsberger Verleger Johann Heinrich Hartung (1699–1756).

147,28 *magnifique:* (frz.) prächtig, großartig.

147,29 *superb:* (frz.) herrlich.

148,15 *Schachtelhalm:* Farnpflanzengattung, infolge seines Kieselsäuregehaltes als Scheuerkraut für Zinngeschirr verwendet.

148,26 *Erbsenblase:* aufgeblasene und mit Erbsen gefüllte Schweinsblase, die früher zum Lärmmachen benutzt wurde.

148,28 *un peu de poudre:* (frz.) ein bißchen Pulver.

149,4 *Mingdynastie:* regierte in China von 1368 bis 1644.

149,5 *Mandschuheere:* Die Mandschu(ren) waren Angehörige eines in Sibirien lebenden mongolischen Volksstamms, der im 17. Jh. in China einfiel und 1644 den chinesischen Kaiserthron besetzte.

149,20 f. *Der Krieg ist erklärt:* vgl. dazu Sagave, S. 111 f.: »ein Fontanescher Anachronismus. Bülows Brief ist vom 14. September 1806 aus Königsberg datiert; aber Bülow war damals noch in Berlin. Das preußische Ultimatum, das den Ausbruch der Feindseligkeiten hervorrief, wurde erst am 26. September 1806 an Napoleon gesandt, worauf am 9. Oktober die eigentlichen Kriegshandlungen begannen. Am 14. Oktober fand die Schlacht bei Jena statt.«

XXI. Victoire von Schach an Lisette von Perbandt

151,17 *Liaisons:* (frz.) Liebschaften.
151,22 *au sein de sa famille:* (frz.) im Schoß seiner Familie.
151,36 *superiorem Charakter:* überlegenem Charakter.
152,9 *Plenipotentiaire:* (frz.) Bevollmächtigter.
153,7 *Kapitol:* hier der um 1540 von Michelangelo (1475–1564) angelegte Platz mit zahlreichen Palästen.
153,16 *Dottore:* (ital.) Doktor, Arzt.
153,16 f. *va bene:* (ital.) es geht (steht) gut.

II. Dokumente zur Entstehungsgeschichte

Grundlegend für die Darstellung der Entstehungsgeschichte und des geschichtlichen Hintergrunds der Novelle sind neben der älteren Untersuchung von Eduard Berend (1924) die neueren Arbeiten von Pierre-Paul Sagave (1966) und Gotthard Erler (1973), von dem die folgenden Zitate stammen (vgl. hierzu auch die in Kap. V,2 angeführte Briefsammlung »Dichter über ihre Dichtungen«).

Zum Stoff:

»Im Jahre 1815 erschoß sich ein Otto Friedrich Ludwig von Schack in seiner Berliner Wohnung Unter den Linden 32. Er hatte seine Karriere 1777 als vierzehnjähriger Fahnenjunker im preußischen Eliteregiment Gensdarmes begonnen und war 1796 zum Rittmeister und 1803 zum Major avanciert. Nennenswerte militärische Meriten scheint er nicht gehabt zu haben; er galt als Leichtfuß und hatte als Frauenheld einen gewissen Ruf. Er fehlte bei keinem Schabernack, den sich die Gensdarmen ausdachten, um die Öffentlichkeit zu schockieren. In Berlin sah man ihn unter der frondierenden Offiziersgruppe, die Prinz Louis Ferdinand von Preußen um sich versammelte.
In diesem Kreis begegnete er der attraktiven Kammerrätin von Crayen (1755–1832), die aus der Berliner Hugenottenfamilie Leveau stammte und die Witwe eines neugeadelten Bankiers war. Diese Dame hatte eine bewegte Vergangenheit; man sprach von intimen Beziehungen zu König Friedrich Wilhelm II. von Preußen und Herzog Karl August von Sachsen-Weimar. Ihre Tochter, in den achtziger Jahren geboren, war eine Cousine von Pauline Wiesel, einer Geliebten des Prinzen Louis Ferdinand. Die Frau Jean Pauls nannte Victoire von Crayen ›ein zwar häßliches, aber feines und höchst gebildetes Mädchen‹. Mit ihr knüpfte Schack ein Verhältnis an, und 1815 scheint er sich, von zahllosen

Schuldnern hart bedrängt, entschlossen zu haben, die offenbar begüterte Victoire zu heiraten. Aber der schon angegraute Lebemann scheute wohl den Spott, in den seine Kameraden über die Heirat mit dem über dreißigjährigen, durch Krankheit entstellten und nicht einmal ›ebenbürtigen‹ Mädchen ausbrechen würden, und so beging er Selbstmord, noch bevor die Verlobung offiziell bekanntgegeben wurde.

Die märkische Chronique scandaleuse nahm sich der Affäre Schack natürlich sofort an und putzte den Fall durch manche Arabeske zu einem Schmuckstück des Hofklatsches heraus. Der verlebte Major mausert sich zu einem schneidigen Leutnant, der jahrelang im Hause der ebenso schönen wie spitzzüngigen Frau von Crayen verkehrt und eines Tages ein Techtelmechtel mit der liebenswürdigen, aber unansehnlichen Tochter anfängt. Der schönste Offizier der Garnison macht sich einen Jux daraus, die häßlichste Dame der damaligen Hofgesellschaft zu ›becouren‹ – eine delikate Geschichte, zumal Herr von Schack sich weigert, das Mädchen, das ein Kind erwartet, zu heiraten. Victoire schickt die Mutter zum König, und Friedrich Wilhelm III. nimmt sich der Verlassenen an. Der Don Juan im Leutnantsrang hat auf allerhöchsten Befehl Ehemann zu werden. Vor dieser Situation aber kapituliert er.

In dieser romantisierten Version, als Hintertreppengeschichte mit viel Pikanterie, ein wenig Tragik und der gehörigen Portion Loyalität, lernte Fontane den Stoff bereits 1862 kennen. Mathilde von Rohr (1810–89), mit der Fontane viele Jahre lang freundschaftlich verbunden war, machte ihn mit dem Schicksal Victoire von Crayens bekannt. In ein Merkheft vom Jahre 1862, das die Aufschrift ›Arbeitsnotizen‹ trägt (Fontane-Archiv, A 12), schrieb der Dichter die folgende Stoffskizze:

›*(Fräulein von C.. yn)*

Nach Mitteilungen von Frl. v. R.

Fräulein v. C.s Mutter, eine geb. [freigelassen], hatte 4 Kinder, zwei Söhne und zwei Töchter. Es war eine schöne, stolze Frau, die unglücklich darüber war, daß ihre jüngste Tochter eine ziemlich extravagante Häßlichkeit zeigte. Die Schicksale der Tochter waren folgende:
Schon 1802 kam Leutnant v. Schack, ein bildschöner Kerl vom Regiment Gensdarmes, eine Art Prinz Louis Ferdinand, wenn auch von geringeren Geistesgaben, ins Haus der Mutter. Die jüngste Tochter war damals 15 Jahre alt, häßlich, aber vielleicht anziehend, geistvoll, oder Schack schon so weit, daß er sagte: „le laid c'est le beau". Ein Verhältnis entspann sich, inwieweit unter Zutun der Mutter, ist nicht ersichtlich – wahrscheinlich aber *hinter dem Rücken* der Mutter. Was aus der schönen Tochter wurde, weiß ich nicht mehr. Die beiden Söhne fielen, der eine bei Jena, der andre in Spanien 1809 oder 10; nur Aschenputtel blieb. 1810 machte plötzlich, nachdem das Verhältnis jahrelang bestanden hatte, Aschenputtel der Mutter Geständnisse. Nur Vermählung konnte retten. Aber der schöne Schack – er dachte nicht daran. Die Tochter beschwor die Mutter, vorm König einen Fußfall zu tun und die Ehe als einen „Befehl vom Kriegsherrn" (wie dergleichen unter Friedrich dem Großen vorgekommen war) zu erbitten. Dies geschah. Der König willigte ein und sagte zu Schack auf der Parade oder sonstwo: „Leutnant v. Schack, morgen hoff ich Ihre Verlobung mit Frl. v. C.. yn in der Zeitung zu sehn." Und die Verlobung erfolgte und stand in der Zeitung. Der Hohn war grenzenlos; Karikaturen erschienen in den Schaufenstern, Spottgedichte etc. Schack konnte es nicht ertragen, und 8 Tage nach der Verlobung erschoß er sich auf der Hintertreppe, die vom Hof aus in die C.. ynsche Wohnung führte.
Das Kind wurde geboren, ein Knabe; später geadelt, erhielt er den Namen Herr v. C.. yn. Lebte und lebt noch am

Rhein, in Mainz oder Frankfurt. Verheiratete sich mit [freigelassen]. Hat jetzt auch schon erwachsene Töchter, schöne Mädchen; eine derselben, also eine richtige Enkelin unsres alten Frl. v. C..yn, verlobt mit [hier brechen die Notizen ab.]‹«

Gotthard Erler in: Theodor Fontane: Romane und Erzählungen. Bd. 3: Grete Minde, L'Adultera, Ellernklipp, Schach von Wuthenow. Berlin/Weimar: Aufbau-Verlag, ²1973. [Zit. als: Erler.] S. 598–600.

Zu den Quellen:

»Eine der wenigen, die Fontanes Intentionen wirklich verstanden zu haben scheinen, war Mathilde von Rohr. Der Dichter schrieb ihr am 3. Januar 1883: ›Ein längerer Brief von Ihnen, den ich schon etwa Mitte Dezember erhielt, hat mich sehr beglückt. Sie sprechen sich darin über meinen „Schach" aus und in einer Weise, die weit über meine Erwartungen hinausging. Alles Lob tut wohl; an *Ihrer* Zustimmung mußte mir aber in diesem Falle ganz besonders gelegen sein, schuld ich Ihnen doch den ganzen Stoff; ohne Ihre Erzählung existierte auch die meinige nicht.‹
Fontane hat nach dem Tode der Rohr seinen Dank noch einmal öffentlich in einem besonderen Kapitel abgestattet, das er in die fünfte Auflage vom ersten Band seiner ›Wanderungen‹ (1892) einordnete: ›Aber bei solchen von den verschiedensten Seiten herrührenden Beiträgen blieb es nicht, sie war auch persönlich ein wahres Anekdotenbuch und eine brillante Erzählerin alter Geschichten aus Mark Brandenburg, besonders in bezug auf adlige Familien aus Havelland, Priegnitz und Ruppin. Den Stoff zu meinem kleinen Roman „Schach von Wuthenow" habe ich mit allen Details von ihr erhalten ...‹
Mathilde von Rohr verdankte die intime Kenntnis ›aller Details‹ ihren gesellschaftlichen Beziehungen zu den Schwestern Amalie von Romberg (gest. 1879) und Gräfin Sophie von Schwerin, die im Dönhoffschen Palais in der Berliner Wilhelmstraße einen angesehenen Salon unterhielten. (Eine

Arbeitsnotiz Fontanes lautet: ›1. Briefe des Herzogs von Weimar an *Frau v. Crayn*, Mutter von Frl. v. Crayn. 2. Briefe von *Fräulein v. Voß* an die Gräfin Dönhof, Mutter der Gräfin Schwerin und der alten Frau v. Romberg.‹) Schack war mit beiden weitläufig verwandt gewesen, und der Gatte der Sophie von Schwerin hatte überdies eine Zeitlang im Regiment Gensdarmes gestanden. Unter dem Titel ›Vor hundert Jahren. Ein Lebensbild‹ gab Amalie von Romberg 1863 die Erinnerungen ihrer Schwester heraus, die das Berliner Garnisonsleben anschaulich schildern und in denen auch Schacks mehrfach gedacht wird. Fontane lernte das Buch – offenbar durch Mathilde von Rohrs Vermittlung – 1868 kennen. Am 3. Januar 1869 schrieb er an die Rohr: ›Das Lebensbild der Gräfin Schwerin hat meine Frau mit dem größten Interesse gelesen: ich habe es nur durchgeblättert, was ich nicht zu mißdeuten bitte. Sie wissen, ich lese eigentlich immer nur Bücher, die mir bei der Arbeit, die ich vorhabe, direkt dienen müssen. Nun ist es gar keine Frage, daß mir solche Arbeiten, bei denen mir das „Lebensbild" von Wichtigkeit sein wird, nahe bevorstehn (beispielsweise wenn ich mich wieder an meinen Roman [»Vor dem Sturm«] mache), und deshalb war mir der Empfang des Buches von hohem Wert.‹

Erst als Fontane 1878 mit Zeit- und Milieustudien für ›Schach von Wuthenow‹ begann, las er diese Lebenserinnerungen und erkannte sie als wichtiges Quellenwerk. Am 11. August 1878 wandte er sich mit folgendem Brief an Mathilde von Rohr: ›Es ist eine rein literarische Frage, oder allenfalls auch eine historische, die mich heute schreiben läßt. Ich lese jetzt fleißig in Frau v. Rombergs „Sophie Schwerin", finde darin S. 27 den Namen von Schack und wollte hiermit gehorsamst anfragen, ob dieser v. Schack derselbe ist, der in dem Leben Fräulein v. Crayns die Hauptrolle spielt. Ich denke mir, Frau v. Romberg wird die Frage mit ja oder nein beantworten können. Vielleicht fügt Frau v. R. aus ihren Erinnerungen wenigstens annähernd genau hinzu, *in welchem Jahre* der ganze traurige Vorfall stattfand. Dies ist wichtiger für mich, als Sie glauben können. Das Berliner Leben unmittelbar *nach* der Schlacht bei Jena – ich meine etwa von 1808 bis 10, wo das königliche Paar aus Ostpreußen wieder in der Hauptstadt eingetroffen war – war *total anders* als in den Jahren, die der Jenaer Affaire unmittelbar vorausgingen. Das Kolorit der einen Zeit paßt nicht für die andre; Stimmungen, Anschauungen, alles hatte sich geändert. Nun ist es zwar wahr, daß ich die *eine* Zeit, sagen wir 1804 bis 6, geradeso gut schildern könnte wie die *andere* (1808 bis 10); jede der beiden Epochen läßt sich gut verwenden, jede hat, novellistisch angesehn, ihre besonderen Vorzüge. Aber um mit *freudvoller Sicherheit* zu schildern, muß ich doch beim Schildern die Gewißheit haben: die Dinge vollzogen sich wirklich zu *dieser* Zeit und zu keiner andern. Beunruhigt mich fortwährend der Gedanke: „Du schilderst jetzt 1805, es ist aber vielleicht 1809 gewesen", so lähmt das meine Kraft. Es schadet nichts, wenn man Fehler macht, man muß es nur nicht wissen, *daß* man sie macht, und muß nicht, unter der Arbeit schon, durch die Vorstellung davon geängstigt werden. Frau v. R.s Buch interessiert mich übrigens aufs höchste, vielleicht weil ich jetzt mit mehr Muße lese als früher. Wie fein beispielsweise die ganze Betrachtung auf S. 9.‹

In einem gleichzeitig geschriebenen Brief an seine Frau heißt es: ›Jetzt lese ich die Memoiren von Sophie Schwerin, aus denen ich doch viel lerne (mehr, als ich erwartete), und werde, wenn ich damit fertig bin, die von Harnisch und Kügelgen folgen lassen. Ich brauche nämlich Züge aus diesen Büchern zu einer *zweiten* Novelle, die folgen soll, wenn ich mit „Grete Minde" fertig bin.‹ Die beiden genannten Bücher, über deren Lektüre nichts Näheres bekannt ist, sind: ›Mein Lebensmorgen. Zur Geschichte der Jahre 1787–1822‹ von dem Pädagogen Christian Wilhelm Harnisch (1787–1864), Berlin 1865, und die ›Jugenderinnerungen eines alten Mannes‹ des Malers Wilhelm von Kügelgen (1802–1867), Berlin 1870.

Auch durch Zeitungslektüre suchte sich der Dichter bei den

ersten Vorarbeiten zu ›Schach von Wuthenow‹ in die Zeit einzustimmen. So schrieb er am 15. Mai 1878 an Friedrich Wilhelm Holtze: ›Von Voß [»Vossische Zeitung«] oder Spener [»Spenersche Zeitung«] würde mir die Zeit vom 1. Juli 1805 bis 1. Juli 1806 genügen. Oder gibt es Bücher, die in tagebuch- oder memoirenartigen Aufzeichnungen diese Epoche behandeln?‹ Holtze, Generalsekretär des Vereins für Geschichte der Mark Brandenburg, war Fontane vielfach bei der Beschaffung von Quellenwerken behilflich; über seine Antwort auf die vorliegende Frage (die übrigens schon Fontanes Entschluß dokumentiert, die Schack-Handlung umzudatieren) wissen wir nichts. Briefe Fontanes an Holtze sind erst wieder vom Januar 1879 überliefert, als Fontane die dritte Auflage vom Band ›Oderland‹ der ›Wanderungen‹ (1879) vorzubereiten begann und seinen Katte-Aufsatz schrieb. ›Was mir in diesem Augenblick zur Verfügung steht‹, heißt es in einem Brief an Holtze vom 9. März 1879, ›ist: Poellnitz, Beneckendorff (der v. Schacksche Bericht), Vehse, Foerster, Preuß ...‹ Am 20. März war der Katte-Aufsatz beendet, und Fontane kündigte die Rückgabe von Poellnitz und Vehse an. ›Den alten Rest‹, so fuhr er fort, ›– lauter Raritäten, um die sich, außer mir, wohl kaum ein Mensch noch kümmert – darf ich wohl noch einige Zeit behalten. Es handelt sich um eine historische Novelle aus 1805 auf 6.‹

Als besonders aufschlußreich erwies sich für Fontane die achtundvierzigbändige ›Geschichte der deutschen Höfe seit der Reformation‹, Hamburg 1851–1860, von Karl Eduard Vehse (1802–1870). Exzerpte und Hinweise haben sich auf den Rückseiten verschiedener Manuskripte erhalten, so auf dem Entwurf ›Das Frigidarium‹ und im Heyse-Konvolut (beide im Fontane-Archiv). Auf dem Entwurf des Briefes an Heyse vom 31. Mai 1883 ist beispielsweise folgende Notiz überliefert: ›Die berühmte Schlittenfahrt der Gensdarmes siehe S. 178 etc. in Vehse, Band V.‹ Dazu hat Fontane nachträglich notiert: ›Das Ganze ist den Memoiren des *russischen Generals v. Nostitz* entnommen.‹ (Danach folgen weitere Aufzeichnungen über die Darsteller der Schlittenfahrt.) Die Notiz könnte vom Sommer 1879 stammen, denn am 28. Juni 1879 schrieb der Dichter an seine Frau: ›Ein Buch, „*v. Nostitz*' Leben und Briefwechsel", das ich für meine Fräulein-v.-Crayn-Novelle brauche, hielt mich so lange wach. Es bietet mir vorzügliches Material.‹ Tatsächlich verdankt Fontane dem Buch ›Aus Karls von Nostitz ... Leben und Briefwechsel‹ (Dresden 1848) zahlreiche Details und Motive. Karl von Nostitz [...] diente von 1803 bis 1806 im Regiment Gensdarmes, und in seinen Erinnerungen stellt er Schack als einen seiner besten Freunde dar. Nostitz erzählt auch von Schacks Verhältnis zu einem bürgerlichen Mädchen, das dieser schließlich heiratete, aber nach der Hochzeit – aus Furcht vor dem Spott seiner Kameraden – nur selten besuchte.

Auch für den historischen Hintergrund der Schack-Affäre hat Fontane überaus gründliche Studien getrieben, auf die Pierre-Paul Sagave in dem Band ›Schach von Wuthenow. Dichtung und Wirklichkeit‹, Frankfurt und Berlin 1966, aufmerksam gemacht hat. Vor allem die Bücher des Militärschriftstellers Heinrich Dietrich von Bülow [...] scheint Fontane sehr genau gekannt zu haben, denn, wie Sagave nachgewiesen hat, ganze Abschnitte von ›Schach‹ stammen aus dessen Schrift ›Der Feldzug von 1805‹ (Leipzig 1806). Einzelne Charakterzüge übernahm Fontane ferner aus der ›Galerie preußischer Charaktere‹, einer 1808 anonym erschienenen Schmähschrift von Friedrich Buchholz, dessen ›Gemälde des gesellschaftlichen Zustandes im Königreiche Preußen, bis zum 14. Oktober des Jahres 1806‹ (Berlin und Leipzig 1808) er offenbar ebenfalls herangezogen hat. Weitere Anregungen erhielt Fontane aus den ›Vertrauten Briefen über die inneren Verhältnisse am preußischen Hofe seit dem Tode Friedrichs II.‹ (Amsterdam und Cölln 1807) von Georg Friedrich Wilhelm von Cölln, aus den ›Nachrichten über Preußen in seiner großen Katastrophe‹ (1838) von Carl von Clausewitz und aus dem zweibändigen Werk ›Aus dem Nachlaß F. A. L. v. d. Marwitz‹ (Berlin 1852).

Aus den mannigfachen biographischen und historischen Studien war Fontane sicher auch über die tatsächliche Szenerie des Schack-Stoffes informiert. Schack wohnte Unter den Linden 32 im ersten Stock; es war das Eckhaus zur Charlottenstraße. Im Erdgeschoß befand sich die italienische Weinstube Sala y Tarone, und im zweiten Stock hatte sich Frau von Crayen mit ihrer Tochter eingemietet. Aus künstlerischen Erwägungen verzichtete Fontane auf diese historische Nachbarschaft und verlegte die Wohnung Schachs in die Wilhelmstraße, die der Carayons aber nur einen Häuserblock weiter südlich, nämlich an die Ecke Charlotten- und Behrenstraße. Dort stand noch zu Fontanes Zeit ein architektonisch reizvolles dreistöckiges Haus mit einem zierlichen Rundbalkon zur Behrenstraße.
Die nichtberlinischen Schauplätze waren Fontane von seinen Wanderungen durch die Mark her vertraut. Über Paretz hatte er in dem Band ›Havelland‹ (1873) berichtet, und für Schloß Wuthenow verwendete er offensichtlich seine Schilderung vom Herrenhaus in Wustrau am Ruppiner See, mit der er den ersten Band der ›Wanderungen‹ eröffnet hatte. Wuthenow, ein Dorf an der Ostseite des Ruppiner Sees, hatte kein ›Schloß‹; es war ›nie Rittergut, sondern immer Bauerndorf‹ (an Emilie Fontane, 28. August 1882).«

Erler. S. 603–607.

Zur Entstehung:

»Fontane schrieb am 18. Dezember 1872 an Mathilde von Rohr, daß er ›neulich‹ etwas vom ›tollen Quast‹ gelesen habe und dabei wieder ›an Schack, Frl. v. Crayn und dadurch auch an Ihre Aufzeichnungen‹ erinnert worden sei; aber erst im Mai 1878 muß sich der Dichter entschlossen haben, den Schack-Stoff in einer Erzählung zu gestalten. Darauf deutet der schon zitierte Brief an Holtze mit dem Hinweis auf Vossische und Spenersche Zeitung aus der Zeit vom 1. Juli 1805 bis 1. Juli 1806. Am gleichen Tag, dem 15. Mai 1878, schrieb er auch an Mathilde von Rohr: ›Vor Jahr und Tag hatten Sie die Freundlichkeit, mir „Lebenserinnerungen“ in halb biographischer, halb novellistischer Form zu schicken (darunter beispielsweise eine Lebensskizze von Frl. v. Crayn), die ich damals mit größtem Interesse gelesen habe. Während der letzten Tage hab ich unter meinen Papieren danach gesucht, habe aber nichts finden können, so daß ich annehmen muß, Ihnen diese vielleicht nur zur Durchsicht empfangenen Aufzeichnungen wieder zurückgeschickt zu haben. Ist dem so, so würd ich Ihnen sehr dankbar sein, wenn Sie mir diese kleinen Lebensbilder noch einmal zugehen lassen wollten. – Ich sammle jetzt Novellenstoffe, habe fast ein ganzes Dutzend, will aber mit der Ausarbeitung nicht eher vorgehn, als bis mir noch mehr zur Verfügung stehn. Es liegt für mich etwas ungemein Beruhigendes darin, über eine Fülle von Stoff disponieren zu können, etwa wie man mit einer Extrasumme auf der Brust leichter auf Reisen geht, wie wenn man schon zwischen Berlin und Jüterbog an zu rechnen fängt und von der Frage gequält wird: wird es auch reichen? – Hätt ich doch das alles gegenwärtig, was Sie mir im Laufe vieler Jahre von den Weltheims, Hüneckens, Rohrs und vielen, vielen andren erzählt haben. Stoff über Stoff. Vielleicht tun Sie in alter Freundschaft ein übriges und machen noch jetzt einige Aufzeichnungen; es kann alles *ganz kurz* sein, denn der eigentliche Kern zu einer Novelle kann in vier Zeilen stecken. Sogenannte „interessante Geschichten“, wenn es Einzelvorkommnisse sind, sind gar nicht zu brauchen; es kommt immer auf zweierlei an: auf die Charaktere und auf ein nachweisbares oder poetisch zu mutmaßendes Verhältnis von Schuld und Strafe. Hat man *das*, so findet der, der sein Metier versteht, alles andre von selbst. Die Nebendinge lassen sich erfinden, aber die Hauptsache muß gegeben sein; diese Hauptsache ist aber in der Regel ganz kurz, während die Nebendinge in die Breite gehn.‹

Im August 1878 las Fontane dann die Erinnerungen der Sophie von Schwerin [...], und in dem Brief vom 11. August an Emilie Fontane ist zum erstenmal von jener

›*zweiten* Novelle‹ die Rede, die er nach ›Grete Minde‹ in Angriff nehmen wolle. Wie weit die Vorarbeiten in den nächsten Monaten gediehen, darüber gibt ein Brief an M. von Rohr vom 3. Juni 1879 Auskunft: ›Ein paar Wochen will ich mir dort [in Wernigerode] Erholung gönnen und bloß laufen und klettern, dann aber hoff ich fleißig sein und endlich die bewußte Fräulein-v.-Crayn-Novelle schreiben zu können. Alles ist vorbereitet und der Stoff längst in Kapitel eingeteilt; das erste Kapitel hab ich schon zwei-, dreimal geschrieben, aber immer wieder verworfen. Die Einleitung, wie ich sie *jetzt* habe, scheint mir aber die richtige zu sein. Der Anfang ist immer der entscheidende; hat man's darin gut getroffen, so muß der Rest mit einer Art von innerer Notwendigkeit gelingen, wie ein richtig behandeltes Tannenreis von selbst zu einer graden und untadeligen Tanne aufwächst.‹

Am 17. Juni 1879 schrieb der Dichter auch seiner Frau, daß er im Harz ›nur bummeln und die neue Novelle weiterbringen‹ wolle. Emilie Fontane teilte ihrer Freundin Clara Stockhausen am 29. Juli von Wernigerode aus mit: ›Mein Alter hat sich so weit erholt, daß er schon wieder in voller Produktion ist und an einer Novelle arbeitet, die er „Über Land und Meer" versprochen hat ...‹ Einen Tag später bestätigte Fontane diese Bemerkung in einem Brief an Hertz: ›Es geht mit meiner Novelle besser, als ich vor 14 Tagen dachte; den Kapiteln nach ist ⅔, dem Umfange nach ¾ fertig, so daß ich *spätestens* am 10. August die letzte Zeile des Entwurfs zu schreiben denke.‹ Im Tagebuch heißt es lakonisch: ›Ich war sehr fleißig und schrieb erst eine Novelle: *Schach von Wuthenow* ... Am 1. September nach Berlin zurück.‹ Im Frühjahr 1880 scheint sich Fontane mit dieser ersten Fassung noch einmal beschäftigt zu haben, dann aber blieb das Brouillon liegen. Erst im Sommer 1881 erwähnt er es wieder: ›Im Harz hoff ich zwei Novellen schreiben, d. h. entwerfen zu können, im Winter korrigier ich dann beide und namentlich auch den Schack-Frl.-v.-Crayn-Stoff, der nun schon 2 Jahre im Brouillon in meinem

Kasten liegt‹ (an Mathilde von Rohr, 6. Juni 1881). Am 25. August 1881 versicherte der Dichter Mathilde von Rohr noch einmal: ›Die v.-Crayn-Novelle nehme ich nun in diesem Winter vor und denke doch mit der Korrektur bis spätestens zum Mai fertig zu sein.‹
Das Tagebuch weist vom 12. Mai 1882 an kontinuierliche Arbeit an ›Schach von Wuthenow‹ aus. Am 6. Juni reiste Fontane nach Thale und nahm das Manuskript mit: ›. . . ich kam in drei Wochen kaum von der Stelle und machte Korrekturen, die hinterher auch wieder korrekturbedürftig waren. Ich bin erstaunt, daß ich Anno 77 beinah einen ganzen Band [»Vor dem Sturm«] dort durchkorrigieren konnte; diesmal nicht den 5. Teil davon. Lassen die Kräfte doch *so* nach? Es wäre noch zu früh. . . . Am 27. Juni traf ich nach genau dreiwöchentlicher Anwesenheit in Thale wieder in Berlin ein . . . Ich setzte nun die Korrektur meiner Novelle fort, rückte mich . . . nicht von der Stelle und kam in abermals drei Wochen damit zu Ende. Aber doch nicht *so*, daß ich sie als druckfertig abliefern kann, und so muß ich denn die ganzen 21 Kapitel auch noch wieder mit nach Norderney schleppen. In der Mitte Juli war die Hitze enorm, so groß, daß man sich nicht rühren mochte. Und dabei arbeiten!‹
Lediglich die ersten sechs Kapitel scheint Fontane noch in Berlin korrigiert zu haben (vgl. den Brief an Emilie Fontane vom 19. Juli 1882; in: ›Fontanes Briefe in zwei Bänden‹, ausgewählt und erläutert von Gotthard Erler, Berlin und Weimar 1968, Band 2, S. 66, wo diese Stelle erstmals gedruckt ist), den Rest arbeitete er in Norderney durch. ›Die Novelle macht mir noch furchtbar viel Arbeit, aber ich habe mich nun drin ergeben; an manchen Tagen sitz ich bis 4 und selbst bis 5 Uhr fest auf meinem Zimmer. Ein Glück, daß ich wenigstens arbeiten *kann*; ich könnte ja auch ganz herunter sein‹ (an Emilie Fontane, 6. August 1882).«

Erler, S. 612–614.

III. Dokumente zur Wirkungsgeschichte

1. Die zeitgenössische Kritik

Die Erzählung »Schach von Wuthenow« fand in der zeitgenössischen literarischen Kritik eine geteilte Aufnahme, wie die folgenden acht Rezensionen erkennen lassen, die aus der relativ kleinen Zahl nachweisbarer Rezensionen der Jahre 1882 bis 1884 ausgewählt wurden. Sie machen zugleich deutlich, daß diese Kritik den wahren Rang des Werkes noch nicht erkannte und Fontane zu sehr nur als Schilderer preußischer Geschichte und brandenburgisch-märkischer Verhältnisse zu Beginn des 19. Jahrhunderts sah (vgl. dazu auch Sagave, S. 181 ff. und Erler, S. 623 ff., der die Wirkung auf das Publikum und auf die Familie des Dichters beschreibt).

»›Schach von Wuthenow‹ spielt im Frühling 1806, in jener verhängnisschwülen Zeit, da die Überzeugung von dem unvermeidlichen Zusammenbruch Preußens in allen denkenden und sehenden Menschen lebte. Aber mit dieser Zeit steht Fontane durch seine Jugendbeziehungen noch in engem Zusammenhang; wenigstens war die Anschauungsweise in den ersten Dezennien nach den Freiheitskriegen noch keineswegs so wesentlich von der um 1806 verschieden. Daß Fontane überdies zu seinem altberlinischen Roman die fleißigsten Quellenstudien in Memoirenwerken, Briefsammlungen und sonstigem Gerümpel gemacht hat, versteht sich bei ihm von selbst: er ist ja so zu sagen der novellistische Archivdirektor der Mark Brandenburg. Solche intime Anekdoten wie die folgende, sehr echt klingende vom Minister Lombard, findet man nicht auf der Straße; der Prinz Louis Ferdinand erzählt sie bei der Tafel: ›Sein Vater war Friseur und seiner Frau Vater ein Barbier. Und nun kommt eben diese Frau, die nicht nur eitel ist bis zum Närrischwerden, sondern auch noch schlechte französische Verse macht, und fragt ihn, was schöner sei: „L'hirondelle

frise la surface des eaux“ oder „L'hirondelle *rase* la surface des eaux“? – Und was antwortet er? – „Ich sehe keinen Unterschied, meine Teure; ‚L'hirondelle *frise*‘ huldigt *meinem* Vater und ‚L'hirondelle *rase*‘ dem *Deinigen*.“‹
Bewundernswert ist die Kunst, mit welcher Fontane jener nun 76 Jahre zurückliegenden Zeit warmes Lebensblut eingeflößt hat! Alle jene Menschen reden im Geiste ihrer Zeit, – das erstreckt sich bis auf Kleinigkeiten des Ausdrucks; man sieht und hört sie leibhaftig diese preußischen Garde- resp. Gensdarmes-Offiziere und Junker, diese geistvollen, lebenslustigen, übermütigen, noblen Menschen mit ihrem absonderlichen Ehrbegriff und ihrer gemütlichen Verachtung der ›Canaille‹.
Die sogenannte Geschichte ist ganz einfach. Schach von Wuthenow, Rittmeister im Regiment Gensdarmes, verkehrt im Hause der schönen und vornehmen Koloniefranzösin, d. h. gut preußischen Berlinerin, Madame von Carayon, macht der Dame des Hauses in ziemlich schweigsamer Schwärmerei den Hof, wird aber in dieser wenig aufregenden Gewohnheit gestört durch ein Gespräch an der Tafel des Prinzen Louis Ferdinand, der mit Bezug auf die blatternarbige, früher sehr schöne, jetzt verhäßlichte Tochter Victoire von Carayon, von der Überlegenheit der ›beauté du diable‹ spricht und ihn so auf die übersehenen Reize eben dieser Tochter aufmerksam macht, und er vergißt sich eines Abends, durch die rührende Anmut des fast ebenso schönen wie häßlichen Wesens fortgerissen. Eine ›Legitimirung‹ des Vorgefallenen wird für nötig gehalten; inzwischen ist aber bei Schach das Gefühl, sich durch die Heirat mit der pokkennarbigen Victoire lächerlich zu machen, mächtiger geworden als die Forderung der einfachsten Pflichterfüllung; es bedarf eines Einschreitens des Königs, seines allergnädigsten Herrn, um den Offizier zu veranlassen, seine Schuldigkeit zu tun: er gehorcht, die Hochzeit findet statt, aber kurz nach vollzogener Trauung erschießt sich der Bräutigam in seinem Wagen. Das ist alles, aber das genügt, denn es ist meisterhaft erzählt.

Schilderung und Dialog sind gleichmäßig gut gelungen. Fontane ist, wie männiglich bekannt, ein unübertrefflicher Landschafter. In diesem Roman hat er, außer der Fahrt nach Tempelhof, wenig Gelegenheit zur sachlichen Beschreibung, aber er zeigt sich dafür um so größer als Gesellschaftslandschafter, wenn mir der Ausdruck hingehen darf. Ob der Ton in dem Offiziercorps des Gensdarmes-Regiments um 1806, oder der bei der Tafel des genialen Prinzen Louis so geklungen, wie Fontane ihn anschlagen läßt, vermag kein Lebender heute zu kontrolliren; indessen als ob es darauf überhaupt ankäme! als ob die historische Treue einen andern als archäologisch-wissenschaftlichen Wert hätte! Nicht daß es so gewesen, sondern daß es so hat sein können, vor allem daß es noch heute menschlich-lebendig und zugleich künstlerisch wahr erscheint, – ob dann der König Amenophis genau so wie ein uralter Papyrus oder ein römischer Centurio wie ein zerbrochener Meilenstein aus des Tiberius Zeiten redet, ficht den Leser, welcher in einem Kunstwerk nicht Geschichte sondern Poesie genießen will, wenig an. Fontanes Menschen in ›Schach von Wuthenow‹ sind allesamt *echt*, – die *historische* Treue setze ich bei Fontane unbesehen voraus, dafür ist er ja Fontane, – aber von dem Dichter verlange ich die *dichterische* Echtheit, und auch die bleibt er nicht schuldig.
Wie er die altpreußische Sprache studirt hat! Und das Altberlinische, welches ebenso interessant, nur viel schwieriger ist als etwa das Altfranzösische. Dabei gibt sich das alles so ungezwungen, wie spielend hingeworfen, und hat doch sicher reichliche Mühe gekostet. Es steckt aber noch etwas von der Race, der er durch seine Abstammung angehört, in unserm Fontane: das Franzosentum in seiner besten Betätigung, der Beherrschung der Sprache, macht sich in diesem eingefleischten Brandenburger liebenswürdig geltend, so etwas Vornehm-Ungezwungenes, was durch keine Tanz- und ›Gesellschafts‹-Stunde annähernd so sicher gewonnen wird, wie durch ein bischen Race. Vielleicht verdankt Fontane einer Art von Atavismus der Begabung auch sein großes

Geschick in der Führung des *Dialogs.* Seine Personen sprechen die leichte höhere Bildungssprache, welche von den meisten Romandichtern in einen absolut unmenschlichen und unliterarischen Jargon verdreht wird, in die berüchtigte Romansprache. Die komische Wirkung solcher unnatürlichen Redeweise macht sich am herrlichsten beim lauten Vorlesen geltend. Bei Fontane sprechen Herren und Damen so, wie eben hochgebildete Menschen, wenn sie sich ein wenig Mühe geben, wirklich sprechen, ohne Zwang, aber auch ohne Nachlässigkeit. Dabei liegt auf allem Dialog in ›Schach von Wuthenow‹ wie in den anderen erzählenden Werken Fontanes ein feiner Hauch lokaler Färbung, die *Sprache* ist lokalisirt, was allerdings nur ein aufmerksames und für idiomatische Eigenheiten liebevoll empfängliches Ohr des Einheimischen merken wird. Daß Frau von Carayon ein anderes Deutsch spricht als die Tante Marguérite, obwol beide vollständig verberlinerte Französinnen, versteht sich von selbst. Sie spricht, wie sie denkt: großherzig, mit der ganzen Verachtung, welche eine Carayon für den norddeutschen Betteladel hat, zumal in dem Augenblick, wo Einer dieser Gattung ihre Tochter zu verschmähen sich erfrecht:

›Was mich aber am meisten verdrießt, ist das: er hat sich auch plötzlich auf seinen Obotritenadel besonnen, und fängt an sein Schach- oder Schachentum für etwas ganz besonderes in der Weltgeschichte zu halten! – – Schach! Schach! Was ist Schach? Ich kenne ihre Geschichte nicht und will sie nicht kennen, aber ich wette diese meine Broche gegen eine Stecknadel, daß, wenn du das ganze Geschlecht auf die Tenne wirfst, da wo der Wind am schärfsten geht, nichts übrig bleibt, sag ich, als ein halbes Dutzend Obersten und Rittmeister, alle devotest erstorben und alle mit einer Pontaknase. Lehre mich diese Leute kennen! – – Von uns Carayons, die wir ganz andere Dinge gesehen haben, will sich dieser Schach abwenden und sich hochmütig zurückziehen? *Unser* will er sich schämen? Er Schach! Will er es als Schach, oder will er es als Grundherr von Wuthenow? Ah bah! Was ist es denn mit beiden? Schach ist ein blauer Rock mit einem roten Kragen, und Wuthenow ist eine Lehmkathe.‹

Der Held des Romans, eben dieser Schach mit seiner Lehmkathe, seinem blauen Rock und roten Kragen, ist nicht das, was die Dutzendleser einen interessanten Helden nennen werden: im Guten wie im Schlechten ist er recht mittelmäßig, ungefähr so wie wir alle. Er verliebt sich in Victoire von Carayon, weil der Prinz Louis sich allergnädigst für die ›beauté du diable‹ zu interessiren droht, und kann nachher den Gedanken nicht ertragen, daß die Herren Kameraden vom Rre'ment ihn vielleicht geschmacklos in seinen Neigungen finden möchten. Fontane deutet an, daß die pockennarbige Victoire eines jener seltenen Menschengesichter hat, welche in der ersten halben Stunde häßlich erscheinen, um nachher zur leidenschaftlichsten Liebe zu zwingen, weil man durch die trotz aller Entstellung zarte Hülle auf den Grund einer großen, vornehmen Seele blickt. – Die Katastrophe des Selbstmordes nach der Hochzeit ist meisterlich eingekleidet; auch der Humor fehlt dieser erschütternden Tragik nicht: als der Schuß im Innern der Kalesche fällt und der entsetzte kleine englische Groom ein Unheil ahnend fragt: ›What's that?‹ antwortet Ordonnanz Baartsch: ›Wat et is? Wat soll et sind, Kleener? En Steen is et; en doter Feldwebel.‹

Im Interesse des Autors wie der Leser wünsche ich von Herzen, daß Fontanes schöne Erzählung auf recht vielen Weihnachtstischen liegen möge; speziell in Berlin und Preußisch-Deutschland wird er das lebhafteste Interesse erregen.«

Eduard Engel: »Schach von Wuthenow«. In: Das Magazin für die Literatur des In- und Auslandes 51 (1882) S. 721 f.

»›Der bleibende Werth der Schriften des deutschen Herodot liegt nicht in dem Was, sondern in dem Wie des Erzählten!‹ so urtheilte vor Jahren ein Kritikus von Geschmack und Verständniß über den Dichter und Prosaiker Theodor Fontane. Dieser Vorzug ist keinem der Werke Fontanes abzusprechen; dennoch fehlt dem neuesten Producte seiner Feder eins – die epische Ruhe. Fast müssen wir es wieder als einen Vorzug anerkennen, daß Fontane sich vor Breiten in der Schilderung von Stoffen hütete, wie er sie für Adultera, Ellernklipp und Schach v. Wuthenow wählte. Denn es sind namentlich in dem letzteren Situationen geschildert, von denen wir, Gott Lob, sagen können, daß sie im Leben nur selten vorkommen. Der Dichter hat ja das unbestreitbare Vorrecht, die Menschenherzen bis auf den tiefsten Grund zu sondiren; aber seine höchste und heiligste Aufgabe muß es doch sein, das Edelste und das Beste aus diesem unergründlichen Schachte zu heben und zu fördern. Fontane hat aber in den oben genannten Werken nur dämonische Gewalten geschildert. Falsch verstandenes Ehrgefühl! das ist die Klippe, an welcher der Held im ›Schach v. Wuthenow‹ zu Grunde geht. Aber wir können den Unglücklichen nicht bedauern, denn ihm fehlt jeder männliche Zug des Charakters. Daß er sich nicht klar wird, ob er die Mutter, Frau v. Carayon, oder ihre Tochter Victoire liebt, könnte man einem solchen Manne verzeihen. Daß aber die Tochter sein Opfer wird, weil er sich von jedem augenblicklichen Impulse leiten läßt und dann den Muth nicht hat, um seine Lebens-Aufgabe zu erfüllen, sondern nach der Zwangsheirath sich selbst den Tod giebt, das löscht jedes erwachende Mitgefühl aus. Alle handelnden Personen sind Kinder ihrer Zeit; von den Männern fesseln die einander scharf entgegenstehenden Bülow und Alvensleben am meisten, von den Frauen ist mit besonderem Glück eine Nebenfigur gezeichnet, Tante Marguerite, die ächte Colonie-Französin, die in einem gezierten aber gutmüthigen Tone spricht. Liegt doch Fontanes Stärke überhaupt mehr in der Wiedergabe von Gesprächen und Briefen. Da finden wir jene feinen, oft beinahe classischen Gedanken, wie: ›Unsere Principien dauern gerade so lange, bis sie mit unseren Leidenschaften oder Eitelkeiten in Conflict gerathen und ziehen dann jedesmal den Kürzeren.‹ Gewiß, wer nichts Höheres kennt, als menschliche Principien, der muß so denken. ›Es ist nur Eines, um dessentwillen wir Frauen leben: wir leben, um uns ein Herz zu gewinnen.‹ ›Wer sich zu einem peinlichen Gange (und wenn es der „hochnothpeinlichste" wäre) anschickt und mit Sehnsucht auf das Schreckensende wartet, für den ist nichts härter als Vertagung. Nur rasch, rasch! Eine kurze Strecke geht es, aber dann versagen die Nerven.‹ ›O dieser gute Ton! Eine Stunde später war ein Reich zertrümmert und ein Thron gestürzt. Und warum? Weil alles Geschraubte zur Lüge führt und alle Lüge zum Tod.‹ Letzter Gedanke ist gleichsam das Leitmotiv des Ganzen. Um seine Probleme zu lösen, meisterhaft zu lösen, mußte der Dichter die Charaktere so schildern, wie sie geschildert sind, auf die Gefahr hin, hier und da mißverstanden zu werden. Aber der Gedanke ist keineswegs erfreulich, daß es eine Zeit im Preußenlande gab, in der die Männer keine wahre Ehre, die Frauen keine ächte Weiblichkeit hatten und beiden der religiöse Halt und Trost fehlte. Wie ein warmer, goldiger Sonnenstrahl fällt in diese dumpfe Atmosphäre die Begegnung des Schach v. Wuthenow mit der Königin Luise. Das Bild der edlen königlichen Frau wird auf dem dunklen Grunde noch heller und lichter, als es sonst schon leuchtet. Versöhnend klingt die Erzählung im Epilog, einem Brief der verwittweten Frau v. Schach an ihre Freundin aus. Die Stürme in dem Mutterherzen schweigen beim Anblick ihres Kindes. Wir können hoffen, daß Victoire ihr Kind besser erziehen wird, als sie selbst erzogen wurde. Das Buch wird sich viele Leser, dem Dichter neue Verehrer, aber auch manchen Gegner erringen. Hoffentlich können wir bald ein neues Werk von Theodor Fontane begrüßen, in dem der ächte dichterische Geist ein weniger furchtbares Problem löst, in dem das Was des Erzählten eben so edel, eben so poetisch schön ist, wie das Wie ist.«

[Ludovica Hesekiel:] Schach v. Wuthenow. In: Neue Preußische Zeitung [»Kreuzzeitung«]. 10. 12. 1882. Nr. 290. 1. Beilage. S. 2.

»In dieser jüngsten Schöpfung des märkischen Dichters ist Alles echt: das künstlerische Gepräge, der historische Ton, die culturgeschichtliche Färbung. Noch selten ist wohl das Leben von Altberlin – der Roman spielt 1806 – seit Willibald Alexis mit so meisterhafter Anschaulichkeit und Treue geschildert worden. Die Geschichte ist einfach, entbehrt aber nicht einer pikanten Zuthat. Rittmeister Schach wird, durch eine Bemerkung des Prinzen Louis Ferdinand über die beauté du diable der ehemals schönen, jetzt aber durch die Blattern entstellten Victoire von Carayon, gereizt, dieser Coloniefranzösin den Hof zu machen, wobei sich beide Theile soweit vergessen, daß der König und die Königin einschreiten müssen, um eine ›Legitimisirung‹ zu veranlassen. Aber Herr Schach fürchtet sich durch diese anbefohlene Heirath mit dem häßlichen Mädchen lächerlich zu machen, und gleich nach der Trauung erschießt er sich in seinem Wagen. Die psychologische Motivirung ist in der ›balladesken‹ Manier Fontanes gehalten und darum für eine Erzählung da und dort etwas sprunghaft und unklar; um so prächtiger sind die Schilderungen, wie z. B. der Ausflug nach Tempelhof. Meisterhaft ist zumal die lokale Färbung der Sprache in den virtuos individualisirenden Gesprächen, wobei auch der Humor zu seinem Rechte kommt. Das Studium der einschlägigen Memoiren und Briefsammlungen merkt man wohl heraus, aber Fontane paradirt nicht mit seinen Kenntnissen. Reizend ist die dem genialen Louis Ferdinand in den Mund gelegte Anekdote über den Minister Lombard. [. . .] An solchen glücklichen Zügen ist das eigenartige Buch sehr reich.«

Die Gegenwart 12 (1883) S. 62.

»Es ist nicht leicht, das neue Werk des feingeistigen Autors in ein bestimmtes Schubfach der Ästhetik einzuordnen. Einerseits ist es eine Novelle, denn den Hauptstoff bildet eine wirklich ›neue‹ Begebenheit, welche sich in einem fertigen Charakter vollzieht und zu einer Handlung führt, für die man in der ganzen Literatur wohl kaum ein Seitenstück finden dürfte. Dann aber trägt die Erzählung ›aus der Zeit des Regiments Gensd'armes‹ wieder die Züge eines Romans, da sie ein Welt- und Zeitbild gibt und weite geschichtliche Ausblicke gewährt. Und zuletzt könnte man sagen, es sei nur ein von der Wirklichkeit abgeschriebenes Culturbild, welches in wahren Zügen durch die künstlerische Schaffenskraft geformt worden sei. Fontane gehört zu den Kennern der intimeren Geschichte Preußens, der noch nicht aufgezeichneten; wie Wenige hat er das Gesellschaftsleben, welches die Fachgelehrten viel zu selten beachten, durchforscht. Deshalb trägt auch diese Erzählung den Stempel innerer und äußerer Wahrheit; Stimmung, Kostüm, Lebensformen, Gespräche und Charaktere sind mit einer Treue gezeichnet, welche nach ihrem vollen Werth nicht jeder Leser wird schätzen können, und die außer Fontane auch wohl kein Anderer erreichen könnte. Sie übt einen solchen Reiz aus, daß man den an sich nicht sympathischen Schluß sich gefallen läßt. Einige Formfehler scheinen dem Corrector zur Last zu fallen. Wir wünschen dem Buche den besten Erfolg auch im Süden unsers Vaterlandes, wo der vornehm angelegte Autor noch lange nicht nach Verdienst gewürdigt zu sein scheint, vielleicht eben wegen seines specifisch märkisch-brandenburgischen Charakters, der aber nun doch unsern Brüdern jenseits der Mainlinie nicht mehr so antipathisch sein wird, als in früheren Zeiten.«

Deutsche Rundschau 35 (1883) S. 478.

»Die neueste literarische Leistung Fontanes stellt sich nach jeder Richtung hin als eine ungewöhnliche und im ganzen schwer zu charakterisirende Erzählung dar. Sie hinterläßt den Eindruck, als ob sie eine vorzügliche Episode zu Wilibald Alexis' bedeutenden historischem Romane ›Ruhe ist die erste Bürgerpflicht‹ abgegeben hätte. Wie dieser spielt sie in der letzten Zeit vor der verhängnisvollen Katastrophe von Jena, sie beginnt im Frühling von 1806 und endet im Hochsommer desselben Jahres, also vor dem Kriege und vor der Niederlage, mit dem freiwilligen Tode des Helden. Dieser

Herr Schach von Wuthenow, märkischer Gutsbesitzer und Rittmeister in dem glänzenden Kürassierregiment ›Gensdarmes‹, dessen Offiziere als die tollkühnsten Reiter, die tollkühnsten Kour- und Schuldenmacher der Armee, zugleich als die brüskesten und anmaßendsten Junker im Sinne der altpreußischen Tradition galten, wird uns in der wunderlichen Berliner Geselligkeit der Zeit vorgeführt. Er gehört zu den Lieblingen des Prinzen Louis Ferdinand, jedenfalls zu den Anhängern der damaligen Kriegspartei, und ist des guten und ehrlichen Glaubens voll, daß die Fridericianische Armee unbesiegbar sei. Doch haben seine politischen Anschauungen sowie seine militärischen ›Meriten‹ für die von Fontane erzählte Geschichte keine Wichtigkeit. Schach von Wuthenow ist durchaus, was man eine problematische Natur nennt. Ein stattlicher und schöner Mann, den vierzig bereits nahe, ist er in gewissen Hauptfragen des Lebens so merkwürdig unreif geblieben, daß er sein Wohl und Wehe von der Bewunderung und dem Neid abhängig macht, welche er im großen Publikum erregt. Er hat in ungewöhnlichem Maße das Bedürfnis des Scheins und Glanzes. Er ist, wie ihn nachher seine Witwe beurteilt, nicht auf ein großes, aber durchaus auf ein solches Leben angelegt, das ihm als groß erscheint, durchaus ›befähigt, innerhalb enggezogner Kreise zu glänzen und zu herrschen‹. Er ist ›wie dazu bestimmt, der Halbgott eines prinzlichen Hofes zu sein, und würde diese Bestimmung nicht bloß zu seiner persönlichen Freude, sondern auch zum Glück und Segen andrer, ja vieler andrer erfüllt haben‹. [...]

Wir haben bei einer Geschichte, die interessante Situationen und lebendige Zeitbilder enthält, nicht nach der ›Moral‹ in dem platten, landläufigen Sinne zu fragen. Allein der Frage nach dem bewegenden Moment, nach der Seele dieser Erzählung können wir uns doch nicht entschlagen. Meint der Verfasser, daß in der Erscheinung seines Helden irgend etwas vorhanden sei, was unter allen Umständen interessiren und fesseln müsse, legt er der Erzählung einen poetischen oder einen rein kulturhistorischen Wert bei? Stellt Schach von Wuthenow bloß ein unerfreuliches Original vor, zu dessen Zeichnung die Forderung der ›Neuheit‹ um jeden Preis einen Autor wohl verführen kann, dessen Widerwille gegen Trivialität und hergebrachte Redensarten stärker ist als seine Empfindung für das poetisch Ergreifende und künstlerisch Gesunde? Innerhalb des Rahmens einer großen Lebensdarstellung könnte auch eine Episode wie die des Rittmeisters vom Regiment Gensdarmes ihr poetisches Recht haben. In voller Selbständigkeit, wie sie erscheint, muß sie sich an eine andre Art der Teilnahme wenden, als an die Sympathie von Menschen, die mit einem Stück Schicksal, mit einem Charakter jene geheimnisvolle Verwandtschaft spüren, welche die tiefste und beste Wirkung aller Poesie ist. Wer sich nicht mit dem bloß Charakteristischen begnügen und für jene Vorzüge erwärmen kann, die aus der Einwirkung genauer Lokal- und Detailstudien auf die poetische Darstellung hervorgehen, der wird von Fontanes neuester Erzählung kaum völlig befriedigt werden. Gleichwohl sind diese Vorzüge nicht gering. Der Zeit- und Lokalhintergrund ist vortrefflich gezeichnet, das frivole, genießende, räsonnirende und sentimentalisirende Berlin des ersten Jahrzehnts unsers Jahrhunderts lebt in den Gestalten und einzelnen Abenteuern des kleinen Buches auf, der erste Abend im Salon der Frau von Carayon und bei Sala Tarone, die Zusammenkunft der Offiziere vom Regiment Gensdarmes und die berüchtigte Schlittenfahrt, mit welcher Zacharias Werners ›Weihe der Kraft‹ parodirt ward, die Audienz der Frau von Carayon in Paretz sind Genrebilder ersten Ranges. Der Dialog trifft den Ton der einzelnen Gesellschaftskreise, in die wir geführt werden, mit vollkommener Leichtigkeit, die Anmut, mit welcher der Autor über gewisse verfängliche Momente seiner Geschichte hinwegzukommen versteht, darf nicht unterschätzt werden.«

Die Grenzboten 42 (1883) S. 318 ff.

»Der Verf. hat die eigentümliche Art seiner Erzählung gleich im Titel scharf betont, wenn er sie eine Geschichte aus der

Zeit des Regiments Gensdarmes nennt. Er führt uns tief und mit Einseitigkeit in bestimmte, zeitlich bedingte Zustände; und er erstrebt neben oder über der poetischen die culturhistorische Geltung. Das Interesse des Sittenschilderers und des Dichters drängen und bedrängen einander, und es ist jener, dem wir diesmal den Vorzug geben. Die Zustände von Hof und Militär in dem Berlin von 1806 weiß er mit treuer Anschaulichkeit vor uns hinzustellen; erfundene und historische Persönlichkeiten, Schach und seine Kameraden vom Regiment hier, Friedrich Wilhelm den Dritten, Louis Ferdinand dort, Bild und Gegenbild in Action zu setzen. Aber indem er aus diesen so besonderen Zuständen das Pathos seines Helden, den falschen Ehrbegriff, erwachsen läßt, gerät er in das eine jener beiden Extreme, zwischen denen die historische Erzählung zu schwanken pflegt: zu große Annäherung an das moderne Empfinden auf der einen Seite, zu starke Abweichung von ihm auf der andern. Wir verstehen ihn einfach nicht, diesen schönen Schach, der ein häßliches Mädchen, deren Frauenehre er widerherstellen soll, weil er selbst sie geraubt – nicht zu heiraten wagt aus Furcht vor dem Spott der Welt, aus einem falschen Gefühl der Ehre; und der, als sein König ihm die Heirat befiehlt, zwar gehorcht, aber unmittelbar nach der Hochzeit sich eine Kugel durch den Kopf schießt. Die Besonderheit seines Empfindens nachzuempfinden ist uns unmöglich, es bleibt uns incommensurabel. Nur durch eine das tiefste Innere des Helden bloslegende Darstellung hätte uns dieses Verständnis – vielleicht – erschlossen werden können; aber wie geflissentlich geht der Autor dem aus dem Wege, hält seinen Helden meist im Hintergrunde, und läßt ihn besonders im Anfang niemals allein auf der Bühne. Seine Darstellung bewegt sich in einer höchst eigenartigen, sprunghaften Form: einzelne Scenen werden anschaulichst ausgemalt, Anderes, sehr Wichtiges bleibt in tiefem Schatten. Am meisten aber glückt ihm die Schilderung des Zuständlichen: wie er die Weinstube des Sala Tarone beschreibt, nicht äußerlich, sondern so, daß man alles sinnlich vor sich hat, den

Geruch der Maibowle und des Hummers zu spüren meint; wie er die märkischen Landschaften von Tempelhof und Wuthenow in ebenso einfachen wie glücklichen Stimmungsbildern dem Leser vors Auge rückt, ist bewundernswert und zeigt den Autor der ›Wanderungen durch die Mark‹ mit allen seinen Vorzügen.«

K. W.: Schöne Litteratur. In: Deutsche Litteraturzeitung 4 (1883) Sp. 30f.

»Die zweite Auflage dieses echt berlinischen Romans erschien binnen Jahresfrist; dies beweist, daß er ein großes Publikum gefunden hat. Die Geschichte ist die einfachste der Welt, aber sie ist zunächst in einem ganz eigenartigen, echt märkischen und markvollen Stil erzählt, welcher mit dem Heyse'schen z. B. gar nichts gemein hat, doch ebenso fesselt wie der dieses Platen der Prosa. Dabei glaubt man in Fontane hinter seiner ernsten Maske einen Schalk zu erkennen; er zeigt uns wol Potsdam und Charlottenburg zur Zeit des Regierungsanfangs Friedrich Wilhelm's III. und führt uns Gestalten, Dichter, Anschauungen einer vergangenen traurigen Epoche vor; aber man möchte glauben, er geißele, lächelnd, seit damals unverändert gebliebene Zustände der heutigen Zeit. So wenn er auf das Verhältniß von Österreich und Preußen zu sprechen kommt; wenn einem Schauspieler ein Orden verliehen werden soll und gewisse Parteien sich ereifern: wer denkt da nicht an Coquelin[1]? Schach von Wuthenow macht der schönen Witwe von Carayon den Hof, verführt in einem Augenblick des Selbstvergessens deren nicht schöne, durch Blatternarben leicht entstellte Tochter, verspricht ihr die Ehe und entflieht vor einem instinctiv geahnten Unglück auf sein Schloß. Seine nächtliche Ankunft, seine Fahrt auf dem im Frühlicht dämmernden See sind meisterliche Schilderungen; Menschenkenntniß und

1 Benoît-Constant Coquelin (gen. Coquelin aîné, der Ältere, 1841–1909), frz. Schauspieler des 19. Jahrhunderts und Ahnherr einer mehrere Generationen umfassenden Schauspielerfamilie, um den es zu seiner Zeit eine ähnliche Auseinandersetzung gegeben hatte.

Naturbeobachtung vereinigen sich hier, uns ein ergreifendes Bild zu bieten. Die Frau von Carayon verwendet sich beim König für ihre Tochter, Schach muß die gefürchtete Ehe eingehen. Er erschießt sich im Hochzeitswagen! Diese einfache Geschichte sprüht förmlich von Geist und Humor; es ist schwer, die so plastisch geschilderten Figuren zu vergessen.«

Alfred Friedmann: Deutsche Erzählungskünstler. In: Blätter für literarische Unterhaltung (1883. I) S. 697.

»Eine vortrefflich erzählte Geschichte aus der Zeit vor Jena. Der Rittmeister von Schach, ein Mann von vorzüglichen Eigenschaften, wird zum Opfer eines falschen Ehrbegriffs. Er verlobt sich mit einer geistreichen, liebenswürdigen, jungen, adligen Dame, die das Unglück gehabt hat, durch Pockennarben an ihrer Schönheit einzubüßen. Die Furcht, von der Gesellschaft darüber ungünstig beurteilt zu werden, veranlaßt ihn, sich zurückzuziehen. Die Schritte, welche die energische, ebenfalls ganz unter dem Banne der Gesellschaft stehende Mutter direkt bei Schach und bei Friedrich Wilhelm III. thut, haben zwar zur Folge, daß die Hochzeit zu Stande kommt, allein Schach, der fürchtet, um seiner Heirat willen zum Abschied vom Militär und zu einem ihm widerwärtigen Leben auf Wuthenow genötigt zu sein, erschießt sich noch am Hochzeitstage. – Von geschichtlichem Intresse ist, daß der Prinz Louis und der durch seine unerbittliche Kritik des damaligen Militärwesens bekannt gewordene von Bülow in den Gang der Erzählung eingreifen. In litterargeschichtlicher Hinsicht verdient erwähnt zu werden, daß die Aufführung des total mißlungenen Stückes von Zacharias Werner ›Die Weihe der Kraft‹ in geschickter Weise zur Karakterzeichnung des von Schach und eines zweiten Offiziers (von Alvensleben) verwendet wird.
Die Erzählung verdient schon darum gelesen zu werden, weil sie von den *üblichen Variationen* des Romans und der Novelle auch nicht die Spur an sich trägt, vielmehr, getreu nach dem Leben erzählt, den Eindruck macht, als ob sie wirklich passiert sein müsse.

Ref. hält Fontane für einen unsrer tüchtigsten, liebenswürdigsten Novellisten, dessen Schriften – von einigen Verirrungen abgesehen – mehr gelesen werden sollten als die Bücher so manches Tagesgötzen.«

O. K.: Schach von Wuthenow. In: Allgemeine Conservative Monatsschrift für das christliche Deutschland 41 (1884) S. 369.

2. Forschungsliteratur

Die Erzählung »Schach von Wuthenow« ist ein durchaus komplexes Werk und hebt sich nach Inhalt und Gestaltung deutlich von den vorangegangenen Erzählungen »Vor dem Sturm«, »Grete Minde«, »L'Adultera« und »Ellernklipp« ab. Rang und Bedeutung des Werkes sind in der Forschung erst spät erkannt und gewürdigt worden: nach der zwiespältigen Aufnahme durch die zeitgenössische literarische Kritik erscheint 1919 nach einem Zeitraum von über 35 Jahren die erste ernstzunehmende, aber letztlich negative Wertung der Novelle in dem Fontane-Buch Conrad Wandreys, das seine Entsprechung im angelsächsischen Bereich in dem in der Forschung viel zu wenig beachteten Werk von Kenneth Hayens (1920) findet, der die Novelle wesentlich positiver beurteilt. Diesen beiden immer noch grundlegenden Monographien folgen in den zwanziger Jahren zwei für die Entstehungsgeschichte und die Darstellung des geschichtlichen Hintergrunds wichtige, aber unkritische Aufsätze von Eduard Berend (1924, 1928), und erst nach einem weiteren Zeitraum von über 20 Jahren – nach 1950 – findet die Erzählung das ernsthafte Interesse der Forschung und wird Gegenstand eingehender Analysen und Interpretationen.
Die vorliegende Auswahl zeigt diese Entwicklung auf und bringt in chronologischer Folge einen Querschnitt durch die Forschungsliteratur von 1919 bis 1978. Dabei fixieren die beiden aufeinanderfolgenden Beiträge von Wandrey und Georg Lukács (1951) sowohl die Forschungslücke in der

ersten Hälfte dieses Jahrhunderts als auch die für die Novelle charakteristischen Pole der Wertung, während die weiteren Beiträge das breite Spektrum der Einsichten und der Forschungsergebnisse verdeutlichen soll.

Conrad Wandrey:

»Der Ring der epischen Frühwerke wird mit ›Schach von Wuthenow‹ geschlossen. ›L'Adultera‹, die nächste Veröffentlichung, bringt den Durchbruch in die eigentliche Welt Fontanes, die moderne Berliner Gesellschaft. Und darum ist diese Novelle als Übergangsprodukt zwiespältiger noch als die früheren, die streitenden Elemente mischen sich in noch viel auffälligerer Weise.

Zum letztenmal bearbeitet Fontane einen Stoff der Vergangenheit, der Zeit von 1806 unmittelbar vor der Schlacht von Jena. Aber die Ruhe und Breite der Erzählung aus ›Vor dem Sturm‹, dem Roman vom Winter 1812/13, die altmodische Technik seiner Menschenschilderung wird nicht mehr aufgenommen. Stilistisch und formal rückt ›Schach von Wuthenow‹ ebensoweit von dem Frühroman ab, wie sie stofflich sich nahetreten. Das hervorstechendste Merkmal der reifen Prosakunst, das Hauptmittel der Charakterisierung bei Fontane, das lebendige Gespräch, die geistreich pointierte Rede gibt schon dieser geschichtlichen Novelle eine stark moderne Färbung. Es wird viel und leidenschaftlich gesprochen, und wenn auch in den großen Redeszenen und -kapiteln im Salon der Frau von Carayon, bei Prinz Louis, bei Sala Tarone noch manchmal bestimmte Fragen diskutiert werden, noch nicht das reine Sprechen um des Sprechens willen, das scheinbar zufällige, wechselnde und doch von künstlerischer Intention getragene Improvisieren herrscht, so ist doch die Unbeholfenheit der abgezirkelten Gesprächsthemen, das ängstliche Aussparen des Redestoffes verschwunden. Fontane weiß nun den französischen Einschlag seines Temperamentes ins hellste Licht zu setzen, ist sich der besonderen Art seiner Begabung bewußt geworden und sucht sie dichterisch fruchtbar zu machen.

Eingelegte Briefe bringen jetzt statt Tatsachenmitteilung Causerie, Disput, Reflexion und verstärken die Wirkung des Gesprächhaften. Um Menschendarstellung handelt es sich auch im ›Schach‹, die Geschichte bleibt nebensächlich, aber wenn bisher die Gestalten in klarer Bildlichkeit angeschaut wurden, so gleitet jetzt das Interesse auf die psychische Analyse über. Die bunte Außenwelt tritt ganz zurück, das Seelische bekommt den Hauptakzent, Fontane hat jetzt weniger Interesse daran, Menschen zu sehen, als ihre Tonfälle zu hören. Er will das innere Triebwerk ihrer Seelen aufspüren. Das Psychologische tritt in den Vordergrund. [...]

Fontane interessiert nur die Gestalt, richtiger das Problem Schach. Die seelische Analyse der Gestalt ist der Inhalt der Novelle. Alles andere wird Beiwerk. Und das Rein-Menschliche scheidet beim Fall Schach, der ›durchaus Zeiterscheinung‹ ist, wie Bülow im Namen Fontanes epilogisierend erklärt, von vornherein aus. Im Gegensatz zu ›Vor dem Sturm‹, wo die Menschen aus sich heraus, soll Schach nur aus seiner Zeit heraus begriffen werden. Die menschliche Anteilnahme Fontanes wird zurückgedrängt vom Interesse des Psychologen, Schach wird zum bloßen Objekt einer forscherlichen Untersuchung. Trotz der modernen Mittel des Gesprächs und der minutiösen seelischen Schilderung bleibt eine Fremdheit, eine weite Distanz nicht nur zwischen Fontane und seinem Helden, auch zwischen dem Leser und dem Werk, ›Schach von Wuthenow‹ bleibt den balladesken Novellen benachbart, ihrer kühlen, künstlichen Zurückhaltung, die erst mit ›Irrungen, Wirrungen‹ für immer verabschiedet wird. [...]

Seiner Natur folgen und die Konsequenzen auf sich nehmen: dieses Grundaxiom Fontanes legt sich als begrenzender und normierender Horizont auch um eine vergangene Welt und einen Ausnahmefall. Er macht das künstlerisch Zwiespältige der Novelle noch eindrücklicher. Der Briefepilog der letzten Kapitel greift hinter die historische Bedingtheit Schachs zurück. ›Er wußte sehr wohl, daß aller Spott der Welt

schließlich erlahmt und erlischt, und war im übrigen auch Manns genug, diesen Spott zu bekämpfen, im Fall er nicht erlahmen und nicht erlöschen wollte. [. . .] Er sah ein kleines und beschränktes Leben vor sich und war, ich will nicht sagen auf ein großes gestellt, aber doch auf ein solches, das *ihm* als groß erschien.‹
Das ist die letzte Interpretion der problematischen Figur, mit der man Fontanes schließliche Meinung wird identifizieren müssen. Aber zwingend ist auch sie nicht. Der Gegensatz von Stoff und Ich, der Zwiespalt von Anfang und Ende bleibt, und man wird auch diese Novelle nicht zu den bleibenden Werken der deutschen Prosakunst rechnen dürfen.«

Conrad Wandrey: Schach von Wuthenow. In: C. W.: Theodor Fontane. München: Beck, 1919. S. 155 ff.

Georg Lukács:

»Der alte Fontane ist überall da ein bedeutender Schriftsteller, wo es ihm gelingt, diese Halbheit seiner Gestalten aus der spezifischen Entwicklung Preußen-Deutschlands herauswachsen zu lassen, wo er imstande ist, zu zeigen, daß der Sieg dieses gesellschaftlichen Seins über das Bewußtsein, über die Neigung, Lebensbestrebungen seiner Gestalten in den eigenartigen Bedingungen dieser Existenzweise verankert ist. Weil dadurch das Besondere dieses Seins und dieses Bewußtseins gestaltet wird, erlangen Menschen und Schicksale eine dichterische, eine intensive und konkrete Verallgemeinerung. Gerade weil Charakter und Geschick solcher Figuren preußisch-deutsch spezifiziert werden, erwachen diese zu Typen in einem Sinne, der über das Preußisch-Deutsche hinaus eine allgemeine Geltung erlangen kann.
Es ist kein Zufall, daß die bedeutenden dichterischen Kritiker dieser deutschen Entwicklung – neben dem alten Fontane auch Raabe – immer wieder auf den Ausspruch Mirabeaus zurückgreifen, Preußen sei eine Frucht, die noch vor der Reife zu faulen beginne. Denn diese scharfsinnige

Beobachtung trifft nicht nur auf das friderizianische Preußen zu. Auch das in den Imperialismus hineinwachsende Reich und insbesondere das Deutschland im Zeitalter des Imperialismus zeigen überdeutlich diese Züge. Und es ist wiederum nicht zufällig, daß die späteren hervorragenden Kritiker Deutschlands – vor allem Heinrich und Thomas Mann –, ohne Mirabeau ausdrücklich zu zitieren, ebenfalls dieser Ansicht sind; bei Thomas Mann wird sogar der unmittelbare Zusammenhang mit dem alten Fontane deutlich sichtbar.
Das dichterisch entscheidende und zugleich das Moment, wo gerade das richtige Erfassen des spezifisch Preußischen unmittelbar und scheinbar ohne bewußte Verallgemeinerung in eine treffende Kritik der ganzen modernen bürgerlichen Gesellschaft umschlägt, ist das unerbittliche Herrschen eines bereits völlig konventionell gewordenen gesellschaftlichen Seins über das Leben der Individuen, seine unbeschränkte Macht über Leben und Tod, die aber aufgehört hat, zugleich eine innerlich verpflichtende moralische Macht zu sein; das heißt eine Macht, die nicht nur das nach außen gerichtete Handeln der Menschen, sondern zugleich ihre Gesinnungen und Überzeugungen intellektuell und emotionell bestimmt. Freilich besteht hier ein entscheidender Unterschied zwischen den, wenn auch oft verarmten, Mitgliedern der herrschenden Klasse und denen der unterdrückten Schichten. Diese – wir sprechen hier nicht über das Proletariat, da es in Fontanes Werk nicht gestaltet wird – nehmen den äußerlichen Zwang als rein äußerlich an, rechnen mit ihm ungefähr, wie man mit der Abfahrtszeit der Züge rechnen muß, ohne im geringsten innerlich engagiert zu sein. Bei jenen dagegen entsteht, wie wir bereits angedeutet haben, in der Wertung dieser Macht auch ein innerlicher Automatismus: der innere Horizont solcher Menschen ist von diesen Anschauungen unwiderstehlich begrenzt; zugleich tritt jedoch bei jeder Kollision, die notwendig entsteht, sobald jemand, selbst innerhalb der engsten Schranken des allerprivatesten Lebens, sich von diesem Klassenautomatismus nicht mit Haut und Haaren verschlingen lassen will, die unerbittliche

Notwendigkeit einer Kapitulation vor diesen, von den Beteiligten als sinnlos empfundenen Geboten auf.
Die Bedeutung des alten Fontane beruht darauf, daß er diese Struktur im alten und im neuen Preußen dichterisch erkannt und gestaltet hat. Damit ist erst seine in einem langen Leben herangereifte ›Natur‹ über seinen ›Geschmack‹, über seine Sympathie für Friedrich II. und Bismarck, praktisch-schriftstellerisch hinausgewachsen – wenn er auch aus dieser Veränderung seiner ›Natur‹ gedanklich nur selten und noch seltener folgerichtig bewußte Konsequenzen gezogen hat.
›Schach von Wuthenow‹ (1883) ist Fontanes kleines Meisterwerk in dieser Kritik des historischen Preußen, ein noch lange nicht in seiner vollen Bedeutung erkannter einsamer Gipfel der deutschen historischen Erzählungskunst. Es ist Fontane hier gelungen, die gesellschaftlich-moralischen Gründe der Vernichtung des friderizianischen Preußen in der Schlacht von Jena durch das Auf und Ab einer Liebesgeschichte in der Berliner ›Gesellschaft‹ blendend zu beleuchten. [...]
Die künstlerische Vollendung dieses Werkes liegt darin, daß sein konkreter Inhalt, die Liebesgeschichte, bei allen ihren individualisierten, ja zuweilen bizarren Zügen, die typische Erscheinungsweise dieser gesellschaftlich-geschichtlichen Grundlage ist. [...]
Was Fontane hier dichterisch entdeckt, ist die Gebrechlichkeit der Menschen und des Gesellschaftssystems, deren Moral sich auf eine [...] falsche Ehre gründet, auf die formalistische Anerkennung einer Konvention, die auch in der eigenen gesellschaftlichen Wirklichkeit keine moralische Macht ist. Vor Fontane taucht nur im ›Prinzen von Homburg‹ zuweilen – aber völlig unbewußt – die Ahnung dieses Zusammenhanges auf. Er erscheint in geistig weit entwickelterer Form später in Thomas Manns ›Tod in Venedig‹. Das literarische Festhalten dieses Zusammenhanges bildet die Grundlage der bedeutendsten Gegenwartsromane Fontanes: ›Irrungen, Wirrungen‹ und vor allem ›Effi Briest‹. [...]

Eine solche, das Schicksal der Werke entscheidende Bedeutung der Thematik ist sehr lehrreich. Sie zeigt gerade bei Fontane, wie stark – trotz seiner hohen Bewußtheit als Künstler, freilich auch infolge der Art seiner Bewußtheit – das Gelingen von glücklichen und unglücklichen ›Zufällen‹ abhängt, von den Themen, die ihm in den Weg geraten. Das steht – unmittelbar – mit der immer stärker auf Formgebung gerichteten künstlerischen Bewußtheit der spätbürgerlichen Schriftsteller im Zusammenhang; diese Wendung beginnt mit Flaubert. Die spätbürgerlichen Schriftsteller betrachten die Thematik als etwas an sich Gegebenes, als eine Art Göttergabe, als ein Spiel des Zufalls. Ihr künstlerisches Bewußtsein dahin zu schulen, dahin zu entwickeln, daß es die innere Dialektik zwischen Thema und Form erhelle, wie dies noch bei Goethe und Schiller der Fall war, liegt ihnen um so ferner, je mehr diese Entwicklung fortschreitet. Fontane ist freilich noch lange kein Formalist: er sucht die jeweilige Form aus den konkreten Möglichkeiten des Stoffes herauszubilden. Er fühlt – und spricht es oft aus –, daß er als ehrlicher Arbeiter alles mögliche tue; der Erfolg sei aber nicht in seiner Hand. Hier zeigt sich unmittelbar die Zufallswirkung der Thematik.

Das wirklich Primäre ist jedoch nicht ein Mangel an ästhetischer Bewußtheit; das Versagen in der Erkenntnis des wirklichen dialektischen Zusammenhanges zwischen Thematik und Form weist letzten Endes dahin, daß Fontane – gesellschaftlich – nicht mehr imstande ist, die entscheidenden inhaltlichen Möglichkeiten seiner Thematik zu überblicken; darum fehlen ihm die konkreten Vermittlungen zwischen Thema und Form. Bei der Schwäche, bei der Verworrenheit seiner Beziehung zur zeitgenössischen deutschen Gesellschaft ist es ein Glücksfall, wenn seine Weltanschauung mit einem Thema zusammentrifft, das ihr adäquat ist und zugleich wesentliche gesellschaftliche Zusammenhänge spiegelt.

Diese Zufälligkeit zeigt sich ganz deutlich in der Entstehungsgeschichte eines Meisterwerks wie ›Schach von

Wuthenow‹. Fontane kennt bereits die Anekdote, die der Liebesgeschichte zugrunde liegt, schwankt aber noch, ob sie vor oder nach der Schlacht von Jena spielen soll, und will, um sich entschließen zu können, genau erfahren, wann die wirkliche Begebenheit stattgefunden hat. Denn, schreibt er: ›Jede der beiden Epochen läßt sich gut verwenden; jede hat, novellistisch angesehen, ihre besonderen Vorzüge.‹ Was also der Novelle ihre wirkliche Größe verleiht, die Verwesungsatmosphäre der Zeit vor Jena, verdankt seine Entstehung einem halben Zufall. Und auch nach ihrer Vollendung ist sich Fontane gerade des entscheidenden Gehalts keineswegs bewußt. In einem Briefe an seinen Verleger, in dem er die Frage des Titels behandelt, schreibt er über die Periode unmittelbar vor Jena: ›Denn schließlich war die Zeit lange nicht so schlecht, wie sie gemacht wird . . .‹ Hier sieht man, wie wenig bewußt, wie spontan, Zufällen preisgegeben ein so bewußter Schriftsteller wie Fontane in dieser Frage der Thematik, des einem Thema innewohnenden Gehaltes war. ›Schach von Wuthenow‹ ist ein Geschenk des Zufalls.«

Georg Lukács: Der alte Fontane. In: G. L.: Werke. Bd. 7: Deutsche Literatur in zwei Jahrhunderten. Neuwied/Berlin: Luchterhand, 1964. S. 488–493.

Benno von Wiese:

»Das Thema des ›Schach von Wuthenow‹ ist der Selbstmord eines der glänzendsten und in seiner Art vorzüglichsten Offiziere des Regiments Gensdarmes, der unmittelbar nach seiner Verheiratung mit Victoire von Carayon erfolgt. Das Ereignis scheint zunächst mehr ein privater Vorfall zu sein, da, nach dem noch nicht einmal unberechtigten Urteil der Welt, der schöne Schach den Spott nicht ertragen habe, der durch seine Verbindung mit der unschönen, durch eine Blatternkrankheit entstellten Victoire herausgefordert worden sei. So sei er denn aus Furcht vor dem Leben, das ihm in seiner Ehe bevorstand, in den Tod gegangen. Fontane selbst betont in einem Brief an seine Frau vom 19. Juli 1882 über

Schach: ›Die Furcht vor dem Ridikülen spielt in der Welt eine kolossale Rolle.‹
Der Erzähler ist jedoch weit davon entfernt, das Geschehen nur aus psychologischen Voraussetzungen zu entwickeln, die, zumindest dem Prinzip nach, sich auch zu anderen Zeiten und unter anderen Umständen wiederholen könnten. Er sieht vielmehr, ebenso wie der kluge, in die Zukunft vorausschauende Frondeur von Bülow – ein ehemaliger Stabskapitän mit abenteuerlicher Auslandserfahrung in England und in den Unionsstaaten, Schachs politischer Gegenspieler in dieser Erzählung – in dem Vorfall ein *Symptom der Zeit*, und zwar eines mit durchaus lokaler Begrenzung. In Bülows zuletzt mitgeteiltem Brief heißt es: Es ist ›ein in seinen Ursachen ganz abnormer Fall, der sich in dieser Art und Weise nur in Seiner Königlichen Majestät von Preußen Haupt- und Residenzstadt, oder, wenn über diese hinaus, immer nur in den Reihen unserer nachgeborenen fridericianischen Armee zutragen konnte‹. So fällt denn mit Schachs Selbstmord das grelle Licht der Zeitkritik auf das Preußen zu Beginn des 19. Jahrhunderts, seine falschen Ehrbegriffe, seine zum bloßen Uhrwerk gewordene, repräsentativ seelenlose Armee und auf die viel zu große Abhängigkeit der militärischen Kaste von den jeweiligen Urteilen der Gesellschaft, Urteile, die in Wahrheit doch nur auf ›Triebsand‹ aufgebaut sind. Für diese ganze Welt des bloßen Scheins steht der Offizier Schach – wenigstens nach Bülows Meinung – stellvertretend, und dieser war, trotz aller seiner Fehler, ›immer noch einer der Besten‹.
Die geschichtliche Novelle dient also für Fontane dazu, eine dem ersten Anschein nach intim-private Begebenheit aus den Voraussetzungen eines bestimmten Zeitalters und eines lokal begrenzten Raumes, dem der nachfriderizianischen Armee, zu entwickeln und ihre eigentlichen, zunächst verborgenen Ursachen zu enthüllen. Das Feld der Historie bedeutet für den Erzähler hier nicht ein ironisch aufgefaßtes Arsenal für Kostümierungen, in die sich die allgemeine Menschennatur einmal so, einmal anders einhüllen läßt.

Geschichte gibt aber auch nicht, wie zum Beispiel bei Meyer, das Pathos der Distanz, von dem aus gesehen das Menschliche ins Monumentale erhoben werden kann. Bei Fontane ist eher das Gegenteil richtig. Die Geschichte wird zur einschränkenden Bedingung des menschlichen Existierens, damit aber auch in fragwürdigen Zeiten zum Weg in das Zerstörerische der Lüge. Eben dies mochte Fontane noch als eigene Zeitproblematik erfahren haben. Schachs Selbstmord aber – so mutet er wenigstens unter dieser Perspektive an – entsprang aus dem Geschraubten und Verstiegenen eines zwar geschichtlich entstandenen, aber in sich brüchigen und unwahren Ehrbegriffs. Schach ist hier weit mehr Repräsentant als individuelle Person.

Indessen ist ein Erzähler wie Fontane doch weit davon entfernt, den Menschen nur als ›geschichtliches‹ Objekt zu sehen, dessen durchschnittliches Dasein völlig von den Voraussetzungen geprägt ist, die durch Herkunft, Klasse, öffentliche Meinung und Erziehung vorgegeben sind. Trotz der stellvertretenden Geschichtlichkeit des Erzählten behält die Fabel ihren individuellen Charakter; das rein Menschliche, das Subjektive im wechselseitigen Verhalten der Personen läßt sich nicht einfach in übergreifende, kollektive Zusammenhänge auflösen. Gerade diese doppelte Optik – von der geschichtlichen Situation und von der menschlichen Existenz aus – weiß Fontanes Erzählung sich so meisterhaft zunutze zu machen, daß sie eben dadurch den Leser unwiderstehlich in ihren Bann zieht. Ist ja doch in dem Schlußbrief der Victoire nur von den persönlichen Eigenschaften Schachs die Rede, die ihn in das unglückselige Scheitern hineingetrieben haben, mit keinem Wort aber von dem ›Fall‹ Schach als einer ›Zeiterscheinung‹. Die beiden sich wechselseitig erhellenden Schlußbriefe zeigen den doppelten Blickpunkt an, unter dem Fontane selbst die Begebenheit Schach gesehen haben will. Der Erzähler identifiziert sich freilich mit keinem dieser beiden Standpunkte; für ihn ist das Ganze zwar eine psychologische, aber ebenso auch eine politisch-gesellschaftliche Angelegenheit. Es gelingt ihm im Verlauf des Erzählten, beide Perspektiven kunstvoll aufeinander zu beziehen und scheinbar absichtslos von der einen zur anderen hinüberzuwechseln. Das geschieht jedoch ohne jeden erläuternden Kommentar, nur aus der Bewegung des Erzählens selbst heraus. Fontane mischt sich selbst nur sehr selten reflektierend in seine Darstellung ein. Er beschreibt ausführlich mit gegenständlicher Phantasie das jeweilige ›Milieu‹, sei es im Salon der Frau von Carayon, sei es in einer Weinkneipe, im Hause des Prinzen Louis Ferdinand oder auf dem ländlichen Schloßsitz Schachs in Wuthenow am See. Er gibt, wie so oft, seine Menschen fast immer im plaudernden Gespräch; er verwendet, allerdings sparsamer als in anderen Erzählungen wie ›L'Adultera‹ und ›Cecile‹, vorwegnehmende, auf das kommende Verhängnis hindeutende Zeichen; er baut Zeitereignisse mit ein wie die damalige Berliner Premiere von Zacharias Werners romantisierendem Lutherdrama ›Weihe der Kraft‹ und ihrer widersprüchlichen Aufnahme durch die Gesellschaft, je nachdem, ob sie mystisch-romantisch oder freigeistig-liberal gesinnt war; – aber er vermeidet, in solcher streng sachlichen, ganz auf das Wirkliche gerichteten Darstellung in wertender Weise selber Partei zu ergreifen. Erst die Analyse des Ganzen der gesellschaftlichen Lage soll dem Leser die Wertung nahelegen.«

Benno von Wiese: Theodor Fontane. Schach von Wuthenow. In: B. v. W.: Die deutsche Novelle von Goethe bis Kafka. Bd. 2. Düsseldorf: Bagel, 1962. S. 238–241.

Peter Demetz:

»Noch einmal versuchen Bülow und Victoire in ausführlichen Briefen Schachs Charakter von seiner Tat her zu deuten, ohne allerdings zu einem einhelligen Urteil zu gelangen; im Kontrast zu der lockeren, an Möglichkeiten und Gesprächen reichen Weite des ersten Teils und der scheinbaren Episodik der Mitte, ist hier alles streng, fast abrupt. Die beiden Briefe charakterisieren die Schreiber ebenso wie den Beschriebenen. Bülows politischer, sachlicher, ein wenig

abstrakter ›Vortrag‹ steht unmittelbar neben den unruhig flackernden, intimen und psychologisierenden Gedanken-Mäandern Victoires, die noch einmal, ›abrundend‹, über das Kind Schachs, das in Italien zur Welt kommt, und über ihre eigenen Schicksale berichtet [...].
Es wäre bequem, einem abschließenden Urteile auszuweichen und zu glauben, Bülows und Victoires Urteile wögen gleich schwer. Aber ich glaube, es kommt nicht von ungefähr, daß gerade Victoire das letzte Wort behält. So sehr Bülow Fontanes private Meinungen artikuliert, so entschieden bleibt er problematische Nebenfigur. Er sagt viel, doch ist auch viel in Abzug zu bringen. Ich könnte mir vorstellen, ein vor allem auf das Politische bedachter Autor hätte die Reihenfolge der Briefe vertauscht und Bülows politische Reduktion ans bedeutende Ende gestellt. Da der Roman aber mit Victoires intimem Briefe endet, vermag ich mich des Verdachtes nicht zu erwehren, daß ihr Brief die politischen Dimensionen durch das Private und Intime begrenzt und aufhebt; ja vielleicht diktiert die Form selbst die Notwendigkeit, daß der Leser mit einem Blicke ins Private, nicht ins Politische, von den Figuren Abschied nehme. Ich fürchte nur, das Politische ist, in ›Schach von Wuthenow‹, eine nicht gänzlich bewältigte Gefahr; nur dort, wo sich das Politische eindrängt, tritt eine gelegentliche Unstimmigkeit hervor; so viel die politischen Streitgespräche Bülows und Schachs zur Entfaltung der Charaktere beitragen, so wenig ist das anderswo der Fall. Gerade das Politische scheint mir verantwortlich für den einzigen artistischen Makel der Organisation. Die Gegenüberstellung des elegischen Zugs der Schwäne (Kap. 7) und der Truppenparade, die sich als Abschiedsrevue der friderizianischen Armee erweisen soll, ist reine Maschinerie, deren unverhülltes Arrangement verstimmen kann; ein Webfehler inmitten der filigranen Textur. Die Form des Gesellschaftsromans ist zu transparenter Art, um das schwere Historische ohne Widerstand zu tragen; deshalb ist es von entscheidender künstlerischer Bedeutung, daß Victoire das letzte Wort behält und das formfremde

Element der Geschichte nicht die problematische Oberhand gewinnt. Hier ereignet sich ein einzigartiger Glücksfall: die Form wird durch die Bürde des Politischen bis zum Äußersten angespannt, ohne in sich zusammenzustürzen; diese maximale Spannung, dieser Augenblick zwischen Energie und Zerfall, wird zum eigentlichen artistischen Geheimnis des Romans. Die künstlerische Vitalität des ›Schach von Wuthenow‹ leitet sich offenbar nicht aus dem eindeutig Politischen her, sondern aus Fontanes zwiespältig-bewegtem Verhältnis zu seinem Helden, aus jener eigentümlichen Mischung von Abwehr und Bewunderung, Distanz und Sympathie, die schon der gleichgestimmte Thomas Mann in der Tiefe der Berliner Romane sah. Der Liberale besteht dem konservativen und ein wenig beschränkten preußischen Offizier gegenüber auf skeptischer Distanz; der Schriftsteller aber vermag einem auf eine makellose Lebensform gerichteten Impuls seine Achtung nicht ganz zu versagen; selbst im ›Stechlin‹ tritt eine ähnliche Ambivalenz, vielleicht noch konkreter und feiner, zu Tag.«

Peter Demetz: Formen des Realismus: Theodor Fontane. München: Hanser, 1964. S. 162–164.

Gotthard Erler:

»Fontane redigierte den ›englischen Artikel‹ an der stockkonservativen ›Kreuzzeitung‹, als er zuerst von der Schack-Affäre erfuhr, und er wird die Geschichte nur als Kuriosum registriert haben, um sie später für ein Kapitel seiner ›Wanderungen durch die Mark Brandenburg‹ zu verwerten. Erst anderthalb Jahrzehnte später – Fontane ist längst zur großbürgerlichen ›Vossischen Zeitung‹ übergewechselt – erinnert er sich wieder des Leutnants von Schack. Denn inzwischen hat der Wanderer durch die Mark den ›Pseudokonservatismus unsres Adels‹ zu durchschauen gelernt, der, wie er es bald im Schlußwort zum vierten Band der ›Wanderungen‹ formulieren sollte, ›schließlich nichts will als sich selbst und das, was ihm dient‹. Der preußische ›Land-und-Leute-Schilderer‹ beginnt in jener Zeit nachdrücklich jede ›Schwärmerei für Mark und Märker‹ zu leugnen und konstatiert einen ›kolossalen Knacks‹ in seiner Preußen-Begeisterung. Für den werdenden Romancier Fontane, der mit sechzig Jahren gerade seinen ersten Roman, ›Vor dem Sturm‹, veröffentlicht, wird Schacks Verhalten künstlerisch und politisch interessant. Denn der realistische Erzähler begreift jetzt das scheinbar so private Ereignis als ›Zeichen der Zeit‹ und (wie er es später, am 7. Dezember 1887 in einem Brief an Friedlaender, in anderem Zusammenhang formuliert) ›nicht als bloß möglich *in* Preußen, sondern auch als charakteristisch *für* Preußen‹. Die unglückliche affaire d'amour der Victoire von Crayen erweist sich nun als symbolträchtige Novellenfabel.

Allerdings gewann der Stoff erst mit der Umdatierung von 1815 auf 1805/06 historischen Bezug und kritische Zeitnähe. Schacks Verhalten, auf den Vorabend der Entscheidungsschlacht von Jena und Auerstedt gegen Napoleon verlegt, verliert alles Zufällige. Der Freitod eines preußischen Offiziers ist nicht länger mehr ein bloß bedauernswerter Vorfall, er wird zum bemerkenswerten Symptom. Die Affäre Schachs von Wuthenow (wie Schack nun heißt) erscheint als Menetekel am historischen Horizont; sein Tod präludiert das Fiasko der friderizianischen Armee, und an den subjektiven Motiven seines Selbstmordes werden die objektiven Ursachen für das preußische Versagen bei Jena sichtbar.

Schach von Wuthenow repräsentiert eine Armee, die, nach den Worten des Romans, ›statt der Ehre nur noch den Dünkel und statt der Seele nur noch ein Uhrwerk hat‹, den Dünkel eines überholten sozialen Anspruchs und ein Uhrwerk von Konventionen und Eitelkeiten. Schach lebt in einer Welt des Scheins, die bei der ersten ernsthaften Konfrontation mit der Wirklichkeit in sich zusammenbricht. Der erste beste Konflikt erweist seine hochtrabenden Moral- und Ehrbegriffe als Rodomontaden; aus Furcht vor der Lächerlichkeit – letztlich aus Furcht vor dem Leben – gibt er sich den Tod. Dieser feige Selbstmord legt jenes gerade von Schach hartnäckig verfochtene ›Hauptstück‹ preußischer

Ideologie, nach dem der preußische Staat auf den Schultern seiner Armee so sicher ruhe wie die Welt auf den Schultern des Atlas, als jämmerliche Phrase bloß. Daß das durch und durch demoralisierte Offizierskorps dieser Armee, das noch immer vom abgelebten Ruhm Friedrichs II. zehrt und das seinen ohnehin bescheidenen Scharfsinn auf eine Schlittenfahrt im hundstäglichen Berlin konzentriert, den disziplinierten Napoleonischen Truppen in der Entscheidung von Jena nicht gewachsen sein konnte, das hat Fontane in ›Schach von Wuthenow‹ überzeugender nachgewiesen als mancher Historiker.

Freilich hielt man in Deutschland am Ausgang der siebziger Jahre nicht viel von dergleichen kritischen Rückblicken auf die preußisch-brandenburgische Historie. Denn hatte nicht der Deutsch-Französische Krieg von 1870/71 den ›glänzenden‹ Beweis erbracht, daß nicht nur Preußen, sondern die ›Nation‹ sich auf die preußische Armee verlassen konnte? Hatte nicht Heinrich von Treitschke gerade im Jahre 1879 das von Bismarck mit Blut und Eisen geeinte Deutschland das ›preußische Reich deutscher Nation‹ genannt? Aber je mehr sich diese Legende von Preußens deutscher Sendung konsolidierte, um so kritischer wurde Fontanes Haltung diesem Preußen gegenüber. Er sah immer klarer, daß seine ›märkischen Pappenheimer‹ aus der Niederlage von Jena nichts gelernt hatten und daß das, was er seinen Frondeur Bülow beispielsweise über den Kultus einer falschen Ehre sagen ließ, noch immer gültig war. Am 15. Januar 1880, bald nach Abschluß der ersten ›Schach‹-Fassung, schreibt Fontane an Mathilde von Rohr: ›Ich hab in dem Verkehr mit Hof und Hofleuten ein Haar gefunden, sie bezahlen nur mit „Ehre“, und da diese ganze Ehre auch noch nicht den Wert einer altbackenen Semmel für mich hat, so wird es mir nicht schwer, darauf zu verzichten.‹

Dieser Satz könnte ohne weiteres auch in Bülows Brief an Sander vom 14. September 1806 stehen. Er belegt, wie stark die Erzählung ›aus der Zeit des Regiments Gensdarmes‹ zugleich als aktuelle Auseinandersetzung mit der Bismarck-

Ära und dem Preußentum überhaupt zu verstehen ist. Freilich steht Fontane um 1879/80 noch keineswegs uneingeschränkt hinter der massiven Kritik, die er Bülow allenthalben vortragen läßt. Noch reduziert sich für ihn der preußische Anteil an der Weltgeschichte nicht auf eine bloße ›Episode‹. Als er mit seinem Verleger um den Titel der Buchausgabe verhandelte, schrieb er am 5. November 1882: ›„Gezählt, gewogen und hinweggetan" ist auch gut, aber etwas zu lang, etwas zu feierlich und etwas zu anmaßlich. Namentlich dies Element der Anmaßlichkeit, nicht der persönlichen, sondern der Zeitanmaßlichkeit, möcht ich vor allem vermeiden. Denn schließlich war die Zeit lange nicht *so* schlecht, wie sie gemacht wird, und die ganze Geschichte läuft au fond darauf hinaus, daß die Landwehrrüpel und die dummen Jungen, die lieber Held spielen als Regeln lernen wollten, mehr Glück gehabt und hinterher auch noch die Geschichtsschreibung besorgt haben, wobei sie dann natürlich nicht zu kurz gekommen sind. Stünd ich anders zu dieser Frage, so könnt ich leicht etwas von „Falscher Ehre" etc. in dem Titel zum besten geben; aber zu solcher Bravade kann ich mich nicht verstehen.‹
Fontane hat trotz der wachsenden Kritik an Preußen um diese Zeit noch nicht mit seinen Gefühlstraditionen gebrochen, und die immanent demokratische Tendenz der Befreiungskriege ist für ihn keine eindeutige Alternative. Daher ist von den großen Reformern jener Jahre, von Hardenberg und Stein, Scharnhorst und Gneisenau, mit keiner Silbe die Rede, und nur die höfische Opposition um Louis Ferdinand, die militärischen Frondeure vom Schlage Bülows kommen zu Wort. Doch gerade diesen Bülow läßt Fontane immerhin Ansichten formulieren, die über eine ›Reform‹ weit hinausgehen. So mindert der subjektive Vorbehalt des Dichters keineswegs die objektive Gültigkeit seiner Dichtung, die die Zeitgenossen denn auch zumindest befremdete, wenn nicht gar direkt ›betraf‹.«

Erler. S. 600–603.

Fritz Martini:

»In ›Schach von Wuthenow‹, zwischen 1879 und 1882 entstanden, zeigt sich Fontanes selbständiger Schritt vom historischen zum gesellschaftlichen Erzählen an, die Konzentration zum psychologischen Porträt, zum psychologisch-analytischen Erzählgeschehen aus einer spannungsträchtigen Situation, das auf umfassende epische Handlungsabläufe verzichtet. Die Erzählung setzt sich als Seelengeschichte, als Geschichte eines einzelnen, epigrammatisch konzentrierten und problematischen Falls vom Romanhaften ab. ›Wer auf plots und große Geschehnisse wartet, ist verloren ... ich kann, um dem großen Haufen zu genügen, nicht Räubergeschichten und Aventüren-Blech schreiben.‹ Fontanes Stil ist beweglicher, sensibler geworden, intimer in den Nuancierungen und den dicht verwobenen, im Dinglichen, Atmosphärischen wie im scheinbar nur Beiläufigen der Gespräche reflektierenden und brechenden Spiegelungen. Die formale Elastizität, das Feingefühl gegenüber den Schattierungen und Halbtönen in der Wortwahl, im Syntaktischen und Rhythmischen haben zugenommen. Sein Stil der Plauderei, der Figuren-, Zeit- und Raumgestaltung mittels des Dialogs setzte sich durch. Mit dem erhöhten Grad der punktuellen Vergegenwärtigung und der szenischen Präsenz verband sich seine Kunst des Aussparens, der Akzentuierungen, der verdeckten Bezüge im Bildhaften wie Psychologischen. Die Illusion, Wirklichkeit zu geben, wie sie ist, wurde durch dies Andeuten gesteigert, das sich, obwohl genau im Detail, mehr auf einen Totaleindruck richtete. Fontane erprobte hier zuerst die Mittel seiner sprachkünstlerischen Stilisierungen, die dem Dargestellten und seiner Vortragsweise, obwohl sie ganz in der Sache zu ruhen scheint, die spezifisch fontanesche Durchprägung geben. Sie liegt im Beweglichen, Schwebenden, Leichten, das zwanglos aus dem Augenblick zu sprechen scheint und die Kunstarbeit verdeckt, die es erzeugte. Der entspannte Stil nimmt eine Fülle von ›Wirklichkeit‹ in seinen vielschichtigen Tönungen, deren immer

wieder verschleierndem Wechsel, im Halbdeutlichen der Beleuchtungen und Sprünge auf; die Stilisierung bindet diese Fülle in eine sehr persönliche Führungsperspektive ein. Sie ist das genau reagierende Medium des Betrachters gegenüber einer mehrdeutigen, in Nuancen und Möglichkeiten gebrochenen Wirklichkeit. Diese Perspektivenkunst verschaffte den Eindruck einer vollständigen Realität, die sich aus vielen kleinen Faktoren zusammensetzt und immer noch zu weiteren Möglichkeiten, wie das Leben selbst, offen läßt.
Ähnlich wie Raabe bediente sich Fontane, wenn auch hier mit einer noch unbeholfenen Brieftechnik, der Mittel des polyperspektivisch überkreuzten Erzählens. Nur wählte er nicht wie Raabe die Form des aufdeckenden Innerlichkeitsmonologs; er führte den Vorgang mittels des gesellschaftlichen Dialogs, im reflektierenden Bewußtseinsstil dieser Gesellschaft, in einer rational und distanziert objektivierenden Spiegelungsmethode vor. Sie ließ, ähnlich wie bei C. F. Meyer, im Sichtbaren, Gesprochenen und Gebärdenhaften, in der darin sich in das Mehrdeutige verhüllenden Darstellung das Letzte ungesagt und zum Problematischen offen. In dem Geschick des aristokratischen Offiziers und Höflings sollte sich die Dekadenz des Preußentums, seine Erstarrung im nur Konventionellen und Formalen, seine Auflösung im nur Subjektivistischen abbilden. Eine mechanistische Veräußerlichung des Ehrbegriffs geht mit der Unfähigkeit zusammen, ›im Momente des Gehorchens den Gehorsam‹ durch eine innere, der Werte bewußte Unterordnung zur Tat zu machen. Die Erstarrung im Scheinhaften und die subjektivistische Auflösung werden als zwei polare Formen der Dekadenz, als ihre korrelativen Fluchtpunkte gesichtet. Die Briefdoppelung am Schluß zeigt, daß neben dieser historischen Thematik, die Schach zu einer Zeitfigur typisieren sollte, eine zweite individualpsychologische Thematik erscheint. Sie geht von der einsamen, mitteilungslos verschlossenen Charakterlage Schachs aus und erkennt in ihr trotz aller psychologischen Berechnungen und Begründungen ein letzthin Unbestimmbares. Der Mensch hat sich

verrätselt. Je genauer er analysiert wird, um so mehr entzieht er sich einem eindeutigen Begreifen. Je kenntnisreicher der psychologische Blick wird, um so mehr dringt er in das Mehrschichtige des Psychischen ein. ›Ein Rest von Dunklem und Unaufgeklärtem bleibt, und in die letzten und geheimsten Triebfedern andrer oder auch nur unsrer eignen Handlungsweise hineinzublicken, ist uns versagt.‹ Damit wird das in ›Vor dem Sturm‹ angeschlagene Thema der Problematisierung der Selbsterkenntnis, des Verlustes an fester Einheit des Ich breiter und minutiöser weitergeführt. Was Schach in den Tod trieb – der falsche Ehrbegriff, die Abhängigkeit von den Urteilen der Gesellschaft, die Liebe zur Mutter statt zur Tochter, die Sensibilität seines Ästhetentums, die Schwäche seiner Eitelkeit gegenüber dem Lächerlichen, der Ehrgeiz des Weltmannes, die Unfähigkeit zum spontanen Gefühl, das Scheinhafte seiner Existenz, die Unsicherheit, ja Angst seines Daseinsgefühls – alles taucht als eine mögliche Teilbegründung auf und überschichtet sich gegenseitig, bleibt letzthin also unentschieden. Der Tod wird zur Flucht – wie in dem Plan der ›Oceane von Parceval‹; Schach fehlt so wie Oceane die Fähigkeit zu einer natürlichen Ganzheit. Alle anderen Motive sind nur Erscheinungsweisen dieser inneren Spaltung; sie bedeutet eine Halbheit im Anschein äußerer Festigkeit, eine Treueunfähigkeit im Anschein von Pflicht und Ehre. Das Ich ist mit den überkommenen Lebensordnungen und mit sich selbst in Widerspruch geraten. Schach existiert nicht mehr als eine seiner selbst sichere Kraftmitte, nur in der Wechselkette der Reaktionen, die den vergesellschafteten und zugleich vereinsamten Menschen abhängig machen und ruhelos außen und innen hin und her treiben. Darin liegt eine Analogie seines Falls zum Zustand des preußischen Staates, die das einleitende Gespräch über den Unterschied der tatkräftigen friderizianischen und der unsicheren, abhängigen neupreußischen Politik erhellt. Irrig ist, zu behaupten, Fontane habe vor dem psychologischen Problem kapituliert, das individuelle Charakterproblem und das Zeitgeschehen nicht zur Deckung bringen können. Gerade in dieser Vieldeutigkeit, in der krisenhaften Ungewißheit der gesellschaftlichen Lage und der psychologischen Grundantriebe, in dieser Gestaltung des Staatlichen und des Innerseelischen zum Problematisch-Relativen liegt die von Fontane eröffnete Einsicht in das Historische und das Menschliche und ebenso das strukturell Eigentümliche seiner Erzählform. Eher muß man in der sentimentalen Verschleierungsform des Schlusses, der dem Tod des Schach einen Hauch von Verklärung gibt und Victoire in der Gnade von Aracoeli in Rom den Frieden finden läßt, eine Inkonsequenz gegenüber der Unausweichlichkeit des Vorgangs sehen. Denn er stellt sich pessimistisch-fatalistisch als ein Kreislauf dar, dessen Ausweglosigkeit Fontane in Schachs Heimkehr zu seinem heimatlichen Erbgut – vor seiner Entscheidung – mit der ihm eigenen Kunst des verdeckt-hinweisenden Sprechens abgebildet hat. In die kausale Kombination der psychologischen Motivierungen wird das Verhängnishafte, das irrational alle einzelnen Faktoren übergreift, hereingenommen. Diese Irrationalität weist auf das Mehrdeutige des Charakters und seiner Lage in dieser historischen Zeit, das Schach fast pathologische Züge gibt. Es läßt sich auch in dem Hin und Her der sein Verhalten und seinen Tod umkreisenden Erwägungen, dieser breit geführten Dialoge, die im Grunde mehr ihre Sprecher, deren Möglichkeiten zu vielen Perspektiven, als ihn selbst charakterisieren, nicht erschöpfen. An dieser Erzählung erhellt sich zuerst die Funktion des Dialogs in Fontanes Roman.«

Fritz Martini: Theodor Fontane. In: F. M.: Deutsche Literatur im bürgerlichen Realismus 1848–1898. Stuttgart: Metzler, [3]1974. S. 765–767.

Walter Müller-Seidel:

»Es liegt [. . .] nahe, [. . .] Fontanes Zeitkritik in dem Maße zu schätzen, als er sich die Auffassungen dieser Figur [Bülow] zu eigen macht. In Anbetracht einer solchen Deutung ist es nur folgerichtig, in dieser Kritik den Zielpunkt der Erzählung zu erkennen. Der Fall des Schach von Wuthenow wird damit eindeutig; er wird eindeutig in Bülows Kritik. Der Fall wird zum Exempelfall. So vor allem hat Georg Lukács den Text interpretiert. Seine Deutung entspricht der Deutung Bülows, und sie unterstellt, daß es zugleich diejenige Fontanes sei – daß wir mit anderen Worten die Erzählung in der Optik Bülows zu verstehen hätten. Zugleich wird alles sehr einfach: man muß nur den falschen Ehrbegriff, den Dünkel und die starre Moral beseitigen, um alles in bester Ordnung zu finden. Aber die moralische Erzählung, mit der man es zu tun hätte, wenn man so denkt, wie Georg Lukács denkt, hat Fontane mit Gewißheit nicht gemeint; und es ist wider alle Regeln der eingebürgerten Hermeneutik, sich über die ›Meinung‹ des Autors ohne Grund hinwegzusetzen, wenn es sich um etwas bewußt so Gemeintes handelt: um den Text und seine Intention. Eindeutigkeit im Urteil gehört nicht zu den Strukturprinzipien dieser Erzählung. Daher ist auch Bülows Kritik eine solche Eindeutigkeit nicht zuzuerkennen. Fontane – oder sagen wir es genauer: der Erzähler dieser Geschichte – ist mit dem Repräsentanten der Preußenkritik nicht in allen Punkten einverstanden. Gelegentlich kommt es sogar zu Distanzierungen, die an Deutlichkeit nichts zu wünschen übrig lassen. Im Salon der Frau von Carayon trägt Victoire ein leicht sentimental anmutendes Lied mit utopischem Inhalt vor. Man unterhält sich darüber, und es ist der Erzähler, der sich bei dieser Gelegenheit sein Urteil über Bülow bildet: ›Nur Bülow schwieg. Er hatte, wie die meisten mit Staatenuntergang beschäftigten Frondeurs auch seine schwachen Seiten, und eine davon war durch das Lied getroffen worden.‹ Es hat ihn elegisch gestimmt, dieses von Victoire vorgetragene Lied. Aber offensichtlich ist es nicht die rechte ›Elegie‹, der sich Bülow bereitwillig überläßt, wenn es im Fortgang der Erzählung heißt: ›Wider Wissen und Willen war er ein Kind seiner Zeit, und romantisierte‹ [S. 16]. Wider Wissen und Willen – das sind unüberhörbare Einschränkungen, die hier gemacht werden. Das Kritische und Witzige einerseits und das Elegische zum andern bleiben uns in der Person Bülows die Einheit schuldig, die man sich wünschte.

Andererseits wird Schach nicht eindeutig ins Unrecht gesetzt. Auch in der Sicht Bülows ist er innerhalb des Regiments Gensdarmes noch immer einer der Besten; und der Stellung, die Victoire als der geheimen Heldin der Erzählung eingeräumt wird, müßte es abträglich sein, wenn sie sich mit einem in jeder Hinsicht Nichtswürdigen eingelassen hätte. Ein solcher ist er mit Gewißheit nicht. Etwas Zwiespältiges und Halbes wird an seiner Person offenkundig. Er sei eine sehr eigenartige Natur, sagt einer der Offiziere seines Regiments; er habe noch keinen Menschen kennengelernt, bei dem alles auf das Ästhetische zurückzuführen sei. Das betrifft die Motive der Schönheit, denen im Ganzen der Erzählung eine fast leitmotivische Bedeutung zukommt. Victoire urteilt in diesem Punkt nicht grundsätzlich anders. Sie ist geneigt, das Ridiküle nicht zu überschätzen. Schach habe sich vor dem Kampf mit diesem nicht eigentlich gefürchtet. Aber die Ehe habe nicht zu seinen Idealen gehört, weil er insgeheim ein Tempelritter und ein Ordensmann gewesen sei. Diese Erklärung gibt politisch und gesellschaftskritisch nicht das Geringste her. Warum läßt Fontane seine Personen so völlig entgegengesetzte Auffassungen vortragen; und welche dieser Auffassungen sollen wir uns als Leser zu eigen machen? Bülow scheint ausschließlich den politischen Fall im Auge zu haben, während sich Victoire in erster Linie für den menschlichen Fall interessiert. Doch ist in ihrem brieflichen Rückblick das Motiv schon enthalten, das den menschlich-psychologischen Fall mit dem politischen in Verbindung bringt: das Schönheitsmotiv, das die Verbindung des vermeintlich Entgegengesetzten herstellt. [...]

Erst in ihrer [Victoires] Person werden die Widersprüche des gesellschaftlichen Lebens gewissermaßen ›aufgehoben‹, um es so – frei nach Hegel – zu bezeichnen. Fontane verwendet für diese Vereinigung des Entgegengesetzten die Wendung vom Witzig-Elegischen, und es ist bezeichnenderweise der Prinz, der sich zuerst dieser Wendung bedient. Es kann sich hierbei weder darum handeln, die Gegensätze unvermittelt bestehen zu lassen; noch kommt es auf gedankenlose Vermischungen an. Alles zielt hin auf Vereinigung des Entgegengesetzten, aufgrund einer Gedankenarbeit, die letztlich eine solche des Lesers ist. Für Victoires Freundin kann ein Kavalier nicht zugleich ritterlich und unritterlich sein. Ein solches ›Zugleich‹ übersteigt ihren arg begrenzten Horizont. ›Solche Widersprüche gibt es nicht. Man ist entweder ein Mann von Ehre, oder man ist es nicht‹ [S. 70]. In Personen wie Schach sind gerade solche Widersprüche das Augenfällige ihres Verhaltens. Auch Bülow ist davon nicht frei, wie schon ausgeführt. Er ist der schärfste Kritiker unter allen und verhält sich gleichwohl auf eine nicht recht angemessene Weise elegisch. In Victoire wird die Vereinigung solcher Gegensätze erkennbar. Das Witzig-Elegische wird in ihrer Person sozusagen legitim. In solchen Vereinigungen geht es um das Kritische einerseits und um das Maß des Menschlichen in aller Kritik zum andern. Die Kritik mit ihren Pointen, Spitzen und Sarkasmen behält ihrerseits etwas Fragwürdiges, wenn sie nur Kritik bleibt, oder wenn das Witzige nur unverbindlich mit dem Elegischen zusammengebracht wird, wie es im Salon des Prinzen geschieht. Victoire ist beides: sie ist witzig und ›elegisch‹ gleichermaßen. In der Kunst espritvoller Repliken erinnert sie an Fontane selbst; aber auch hinsichtlich des ›Elegischen‹ und der damit verwandten Resignation erinnert sie an ihn. Sie ist aufgeschlossen für Schönes, ohne sich dem Leid verschlossen zu haben, wie es angedeutet wird, wenn sie von Mirabeau als ihrem Leidensgenossen spricht. Oder um es ins allgemeine zu wenden: Kritik – als Sprachkritik ebenso wie als Gesellschaftskritik – ist zeitbezogen. Das ›Elegische‹ als Chiffre für das, was an Victoire jenes Menschliche ist, das sich nicht definieren läßt, weist darüber hinaus ins Zeitlose, Allgemeine und Universale. Wieder wird vom Prinzen nur unverbindlich antizipiert, was sie ihrerseits ›realisiert‹, wenn er von einer höheren Form der Schönheit als etwas Weltumfassendem spricht und dies mit der katholischen Kirche vergleicht. Die Anspielung auf die Kirche Araceli in Rom am Schluß der Erzählung nimmt diese Chiffre des Weltumfassenden wieder auf. Im Witzig-Elegischen als einer Umschreibung für Allgemeines erhält beides seinen Ort und sein Recht: das Zeitliche einerseits und das Jederzeitliche zum andern. Kritik ist stets auf Zeitliches gerichtet: auf eine Gegenwart, damit sie in Zukunft anders werde. Aber es ist stets und jederzeit die Frage, in welchem Ausmaß und mit welchen Mitteln dies geschehen soll; ob die Veränderung ausschließlich gilt, oder ob auch noch anderes Geltung behält. Eine solcherart ausschließliche Kritik, die nur noch Veränderung kennt und sonst nichts, ist nicht Fontanes Sache. Seine Kritik ist niemals arrogant. Sie ist duldsam und läßt anderes gelten. Vor allem innerhalb seiner Erzählkunst ist das der Fall. Er hat dafür das schöne Wort von der ›Zeitanmaßlichkeit‹ gefunden, die er vermieden sehen möchte. Fontane bleibt bei aller Kritik gerecht. Daher darf auch seine Kritik am Preußentum, die er seinen Figuren erlaubt, nicht schon als Abrechnung schlechthin verstanden werden. In seinem epischen ›Weltbild‹, wenn man das so sagen darf, ist Kritik stets nur die eine Seite der Sache; und eigentlich kommt es in allen seinen Erzählungen – so auch hier – auf die beiden Seiten an. Beide Teile – der in Königsberg und der in Rom geschriebene Brief – machen das Ganze aus; beide zusammen ergeben in der doppelten Optik die höhere Reflexionsstufe, von der schon die Rede war. Die Gesellschaftskritik in Bülows Sicht und das Menschliche in der Sicht Victoires sind im Ganzen der Erzählung vereint. Und zuletzt ist es natürlich die Persönlichkeit des Erzählers – also Fontane –, der das eine tut, ohne das andere zu lassen. Mit Unentschiedenheit hat das nichts zu tun.

Erzähltechnisch bleiben Umsicht und Kunstverstand hervorzuheben. Die Technik der leitmotivischen ›Durchführung‹ ist hier voll entfaltet, fast schon so, wie man sie von Thomas Manns artistischer Erzählweise her kennt. Die Schönheit ist ein solches Motiv; die Erwähnung von Licht und Schatten ein anderes. Aus der Vielfalt solcher Bilder, Motive und Chiffren ergibt sich das mit erzählerischen Mitteln erstellte ›System‹, in dem das eine auf das andere verweist. Mit symbolistischer Raffinesse zeigt sich das im Erscheinen der Schwäne, die im Licht der sinkenden Sonne vorbeidefilieren: ›Am schönsten aber war der Anblick zahlloser Schwäne, die, während man in den Abendhimmel sah, vom Charlottenburger Park her in langer Reihe herankamen. Andre lagen schon in Front. Es war ersichtlich, daß die ganze Flottille durch irgendwas bis in die Nähe der Villa gelockt sein mußte, denn sobald sie die Höhe derselben erreicht hatte, schwenkten sie militärisch ein und verlängerten die Front derer, die hier schon still und regungslos und die Schnäbel unter dem Gefieder verborgen wie vor Anker lagen‹ [S. 66]. Der militärische Wortschatz in der Schilderung der Szene ist unverkennbar, und natürlich wird er mit Absicht so verwandt. Diese Absicht spricht für sich selbst: in dem Militärstaat, in dem wir uns befinden, hat sich alles in Dressur und bloße Ordnung verkehrt; das Ästhetische hat sich ins Militärische verlagert. Mit den vorbeidefilierenden Schwänen wirft der Schönheitskult der Jahrhundertwende seine Schatten voraus; denn Schwäne, sterbende zumeist, sind seit dem Symbolismus in der europäischen Lyrik beliebt. Ein eindeutiges Votum für den neuen Schönheitssinn darf man aus Fontanes Schwanenszene nicht herauslesen. Es bleibt alles ambivalent. Im übrigen treten die Gattungsprobleme, die dem 19. Jahrhundert so wichtig gewesen sind, spürbar zurück. Ob man es mit einer Novelle, mit einer Erzählung oder einem Roman – einem historischen Roman geringeren Umfangs – zu tun hat, bleibt zweitrangig gegenüber anderen Fragen. Die Skepsis Fontanes gegenüber solchen Gattungsbezeichnungen und gegenüber jeder Gattungsfrömmigkeit äußert sich früh. ›Wenn ich von „Novellen“ spreche, so bitte ich's damit nicht wörtlich zu nehmen. Ich verstehe darunter vielmehr jede Art poetischer Erzählung.‹ So steht es schon 1853 in einem Brief an Theodor Storm. Zwar spricht manches dafür, Fontane in der Geschichte der deutschen Novelle nicht ganz zu übersehen; den Fall des Schach von Wuthenow kann man als einen spezifisch novellistischen Fall verstehen, aber ein Vielfaches an Einsicht und Erkenntnis bringen solche Betrachtungen nicht ein. Weder literarische Gattungen noch Stile werden in der Poetik Fontanes aufs genaueste getrennt. Auch die Nähe zum Tragischen, die man in der Novellistik des 19. Jahrhunderts gern sucht, ist nicht mehr das, woran man Fontane als Verfasser novellenartiger Erzählungen erkennt. Komisches und Tragisches werden merkwürdig vermischt. Es ist alles andere als erhebend, wie der Tod des ›Helden‹ geschildert wird, der es auch darin nur zum halben Helden bringt.«

Walter Müller-Seidel: Theodor Fontane. Soziale Romankunst in Deutschland. Stuttgart: Metzler, 1975. S. 142–149.

Josef Kunz:

»Fontane ist seiner Begabung nach kein Novellendichter. Sein Wesen und seine künstlerische Haltung sind fast ausschließlich geprägt von Eigenschaften, wie sie den Geist der großen epischen Formen bestimmen: die der gütig-ironischen Duldsamkeit, der Überschau und der geistigen Distanz. Trotz dieser mehr zum Roman hin tendierenden Begabung gibt es – vor allem aus der Anfangszeit des Schaffens – einige Novellen, unter denen neben ›Grete Minde‹ und ›Ellernklipp‹ vor allem die Novelle ›Schach von Wuthenow‹ besondere Wertschätzung findet. Es ist eine breit angelegte Novellendichtung, in deren Mittelpunkt die Gestalt eines preußischen Offiziers, des Rittmeisters von Wuthenow, steht. Zeit und Raum des Geschehens ist das Preußen des Jahres 1806; also jenes Preußen, in dessen vernichtender Niederlage der seit dem Tod Friedrichs des Großen nicht aufzuhaltende Niedergang des Landes einen vorläufigen Endpunkt fand. Zunächst ist die Problematik der Novelle – wie später auch in ›Effi Briest‹ und in anderen Erzählwerken – eine solche psychologischer Art. Der Held des Werkes krankt an dem Widerspruch von Außen und

Innen: Seine glänzende äußere Erscheinung verhüllt nur mühsam seine innere Schwäche und Unentschlossenheit. In dieser Unentschlossenheit geht er an einem Liebes- und Ehekonflikt zu Grunde. Weil er glaubt, in der Verbindung mit der geistvollen, aber häßlichen Viktoria von Carayan der Lächerlichkeit zu verfallen, nimmt er sich am Tage der Eheschließung das Leben. Um der Novelle gerecht zu werden, genügt es aber nicht, auf diesen individuell-psychologischen Konflikt zu verweisen. Rang und Bedeutung des Werkes sind gerade darin begründet, daß diese Problematik des Rittmeisters von Wuthenow nicht nur ein isolierter Einzelfall ist, sondern beispielhaft für die Situation eines Landes, das, wie der Held der Novelle, an dem gleichen Widerspruch von Schein und Sein, von Anspruch und menschlicher Wirklichkeit leidet. Der Dichter hat alles getan, um diesen Zusammenhang des Einzelschicksals mit dem Schicksal eines ganzen Volkes so prägnant wie möglich herauszuarbeiten. Trotz dieser Ausweitung des Geschehens wird man aber festhalten müssen, daß in dem Werk die Grenzen der Novelle nicht verletzt sind, da der geschichtliche Hintergrund nicht in der Breite und Selbständigkeit entfaltet wird, wie es zum Wesen des Romans gehört.«

Josef Kunz: Theodor Fontane. In: J. K.: Die deutsche Novelle im 19. Jahrhundert. Berlin: Schmidt, [2]1978. S. 171 f.

Gerhard K a i s e r:

»Die Welt, Material nicht der Aktion, sondern der Konversation: Wie immer wieder in der Epik Fontanes ist auch in ›Schach von Wuthenow‹ die eher dürftige Handlung durchzogen und übersponnen mit einem Gewebe von Gesprächen, welche die Sukzession von Ereignissen umsetzen in die Simultaneität einander bestätigender, ergänzender, widersprechender oder ignorierender Deutungen, Meinungen und Kommentare, einem Gewebe, das sich endlos fortspinnen ließe. Was so viel gedeutet wird, muß vieldeutig bleiben und werden. Es fällt auf und entspricht doch dieser

Welt aus enthüllenden und verhüllenden Worten, daß die beiden entscheidenden Ereignisse der Geschichte stumm bleiben. Die Liebesvereinigung von Schach und Victoire wird durch einen Absatz im Druckbild ›erzählt‹, der wie eine Erweiterung des berühmten Kleistschen Gedankenstrichs in der ›Marquise von O.‹ wirkt; der Selbstmord Schachs, der die Konsequenz aus dem zieht, was durch den Absatz bezeichnet wird, begibt sich als Geräusch in einer geschlossenen rollenden Kutsche, überlagert vom banalen Gerede zwischen dem Burschen und dem Groom Schachs, das weniger sagt als Schweigen. Im Spannungsfeld zwischen diesen Polen der Erzählung steht die enigmatische Figur des Helden. ›Wenn ich der Dey von Tunis wär' . . .‹, meditiert der Große Kurfürst des ›Prinzen von Homburg‹. Schach ist so etwas wie ein orientalischer Operettenserenissimus – aber von Wuthenow, aus der Gegend, wo Preußen am preußischsten ist. Er ist der adelige Herr einer vergehenden friederizianischen Tradition. Er ist die Figur, die vom nicht endenden Spiel der Reden matt gesetzt wird [S. 101] und ihm zugleich Schach bietet – zu einem Ende, das doch nur tabula rasa für ein neues Spiel der Reden schafft, in der Eröffnungskonstellation markiert durch Bülows Brief aus Königsberg und Victoires Brief aus Rom, die zu verschiedenen Zeitpunkten zu verschiedenen Adressaten aneinander vorbeireden, während inzwischen abermals, zwischen Schachs Tod und dem Datum der Briefe, die großen Entscheidungen jenseits der Rede im Reich der Faktizität gefallen sind. Der Krieg hat begonnen, als Bülow seinen Brief vom 14. September 1806 datiert, genau einen Monat vor der Schlacht von Jena und Auerstedt, in der Preußen zusammenbricht. Der Unterwerfungsfrieden liegt etwas über einen Monat zurück, als Victoire – welcher Name! – am 18. August 1807 zur Feder greift.

Die Forschung hat das Gespräch über Schach meistens so weitergeführt, daß sie sich generalisierend auf die Seite Bülows schlug und den ›Schach-Fall‹ [S. 147] als Symptom einer Scheinhaftigkeit und inneren Leere Preußens nahm,

weniger in der Weise, daß sie individualisierend mit Victoire auf der Inkommensurabilität der Person und ihrer psychischen Organisation beharrte. Dabei stellt sich die Frage, ob nicht die Neigung zum Individuum Schach das Allgemeine seines Falles tiefer und umfassender freilegt als Bülows soziologische Botanisiertrommelperspektive; ob nicht gerade das *Rätsel* Schach das Rätsel Preußen löst, dessen Chiffre und nicht nur dessen Dechiffrierer Bülow ist; ob nicht die Interferenzen zwischen Reden und Ereignissen und zwischen Reden und Reden die Haupt- und Schlüsselwörter des Fontaneschen Erzählens sind. [...]
Fontane bezeichnet ›Schach von Wuthenow‹ brieflich wiederholt als Novelle. 1892 nennt er die Geschichte in den ›Wanderungen durch die Mark Brandenburg‹ einen kleinen Roman. Das Werk hat etwas von beidem und ist beides nicht ganz, wofür denn der Verlegenheitsbegriff ›Erzählung aus der Zeit des Regiments Gensdarmes‹ eintritt. Die romanhaft ausgefaltete Konstellation ist das in die Gesellschaft gewendete Psychogramm des Helden; die unerhörte Begebenheit im Sinne von Goethes Novellenbestimmung ist weniger eine Ereignisspitze als das jähe Ansichtigwerden des psychologischen und gesellschaftlichen Feldes in seinen äußersten Spannungen. Statt des Wunders ein Selbstmord, und sonst keine Alternative, denn was Schach als solche angesonnen und schließlich befohlen wird, ist keine. Schach, der Kraftlose, hat wenigstens so viel Kraft, die Widersprüche aufzureißen. Alle anderen, außer Victoire, sind unfähig, den Konflikt auch nur wahrzunehmen. So wenig für sie zutage tritt, so viel wollen sie doch alsbald zudecken. Nicht Schach, der nur für ein Gespenst von Ehre gefallen zu sein scheint, sondern Bülow mit seiner vermeintlichen Progressivität und Unabhängigkeit von gesellschaftlichen Konventionen ist am Ende der Repräsentant gesellschaftlichen Scheins, wenn er meint: ›Was, unter so gegebenen Verhältnissen, wäre nun wohl einfacher und natürlicher gewesen, als Ausgleich durch einen Eheschluß, durch eine Verbindung, die weder gegen den äußeren Vorteil, noch gegen irgend ein Vorurteil versto-

ßen hätte‹ [S. 148]. Mit Seele, Feingefühl und Mutterwitz eines Gardeleutnants beugt sich der kluge Mann zu dem ›holden Geschöpf‹ [S. 148] mit den paar Grübchen zuviel herab, um zynisch-galant ein Rezept zu applizieren, das ihn schon deshalb naturgemäß dünkt, weil es weder gegen Vorteil noch Vorurteil gerichtet ist. Es ist entlarvend, daß Bülow, der Schach Abhängigkeit von den Urteilen des Prinzen Louis nachsagt, an dieser Stelle selbst in Vorstellungen des Prinzen denkt, der von der ›Grübchen-Vielheit‹ der ›beauté du diable‹ gesprochen hatte [S. 65].
In Wirklichkeit geht es um seelische Affairen und Verletzungen, die jenseits des Vorstellungsvermögens sowohl des wohlwollend-beschränkten Königspaares wie des hier so reaktionären Fortschrittsmannes Bülow liegen, und die Ausweglosigkeit der Situation besteht gerade darin, daß der Vollzug der Ehe unter den gegebenen Umständen die Verletzungen genauso vertiefen müßte wie die Flucht vor ihr. Victoire und Schach zusammengeschmiedet in einer Konventionalehe, die durch Takt, Lüge und Selbstbetrug erträglich, allenfalls Glück aus der Nachhand zu werden die Chance hätte – in der Verweigerung dieser Lösung, zu der sich Victoire mit halb geschlossenen Augen hindrängen läßt, ist Schach nicht nur sich, sondern auch Victoire tiefer treu, indem er sie im Stich läßt; aber er läßt sie auch fürchterlich im Stich, indem er ihr so die Treue hält, denn hat er sie schon skandalisiert durch Verführung und Verzögerung der Eheschließung, so skandalisiert er sie noch viel mehr durch eine Art von Eheschließung, die zu verstehen gibt, daß ihm die Ehe mit ihr schlimmer wäre als der Tod. In dieser Weise sein Eheversprechen einlösend und brechend, seinem ungeborenen Kind einen Vater gebend und entziehend, macht Schach bis ins letzte deutlich, daß er, vermeintlich gesellschaftlicher Form bis zur Selbstaufgabe hörig, in Wirklichkeit ästhetische Form erfüllt und daß solche ästhetische Form menschlich sensibler, zugleich aber brutaler ist als jede andere.
Als gesellschaftliche Formerfüllung ist sein Handeln absurd,

eine Farce; als ästhetische Formerfüllung schließt es die Gestalt und die Beziehung als außerordentliche und ungemeine ab. Schach ist so ritterlich wie unritterlich, so mediocker wie überlegen. Er ist für einen tödlichen Moment in seinem ästhetischen Instinkt weiser als die Einsichtigsten um ihn, denn wer weiterleben will, darf so tief nicht blicken. Sterbend ist Schach stellvertretend weise, während Victoire stellvertretend weiterlebt: eine Zweierbeziehung des Alleinseins. Zu dieser Weisheit des Instinkts gehört, daß er als einzige Figur der Erzählung seine Grenze als seine Schuld akzeptiert und damit wenigstens negativ sich selbst überschreitet, wie er die Konstellation sprengt. Weil seine Schuld seine Grenze ist, läßt sie sich nur paradox formulieren. Sie liegt nicht darin, daß er nicht den Schritt in eine Ehe fertigbringt, die den Spott der Welt herausfordern und ihn gesellschaftlich kompromittieren könnte; sie besteht vielmehr darin, daß er zwar Sehnsucht nach Leben und Liebe hat, aber nicht wirklich leben und lieben kann. ›Deine Schuld ist dein Schicksal‹, sagt sich Schach [S. 96] – der Satz ließe sich auch umkehren. Seine Schuld ist, daß er Victoires Liebenswürdigkeit erkennt, dieses Erkennen aber keine ganze Liebe ist. Liebte er sie, wären alle Hindernisse hinweggeschwemmt, hätte es nie Hindernisse gegeben. Victoire, dem ›süßen Geschöpf‹ [S. 96], steht eine Ehe aus Liebe zu, nicht aus Pflichterfüllung und Gehorsam. Er ist einer der Besten, denn er kann in Victoire Mirabelle wahrnehmen. Aber er kann sie nicht fassen; keiner in dieser Erzählung könnte es. Schach fällt nicht für ein Gespenst von Ehre. Er ist ein ästhetischer Wiedergänger abgestorbenen Lebens, so schön wie tot und tödlich, so affizierbar wie abweisend. [...]

Am meisten aber ist Schach von Wuthenow Außenseiter, die formale, die ästhetische Existenz, die letzte Konsequenzen zieht und dem Spiel den Rücken kehrt, wo auch Victoire sich am Ende, und sei es in fast exotischer Weise, arrangiert. Gerade deshalb gibt er die tiefste, differenzierteste Auskunft über Preußen in der Zeit des Regiments Gensdarmes. Die

Zeit, gesehen durch sein Temperament: so fächert sich ein Prisma auf, das vom rasenden und arroganten Maskentreiben der Gensdarmes über das Luther-Theater Zacharias Werners, den Schwanengesang der preußischen Armee in ihrer letzten Parade zum Defilee der Schwäne vor den Fenstern des Prinzen Louis, zu Schachs Abschiedskuß für den schönen Schwan Mirabelle, zu Victoires Dankopfer auf dem Altar von Araceli und den zahlreichen Sonnenuntergängen reicht, die den Verfall übergolden. Es ist der gleiche Fächer von der ahnungslosen Selbstoffenbarung der Gensdarmes in ihrer Nichtigkeit über Schachs Selbstvernichtung zu Bülows hochmütiger Kritik – der anderen. Wenn Schach einer der Besten ist, wie schlimm steht es um Preußen. Wenn Schach wirklich ein Guter ist [S. 23], wie schade ist es um Preußen. Beide sind eine Einheit von Widersprüchen. Keine Position, die nicht ironisch relativiert würde, keine Schönheit, an der nicht ein Moment von leerem Schein hervorträte. Aber auch keine Negation, die ohne Vorbehalt bliebe. Noch über der gnadenlosen Selbstentlarvung des Maskenzuges der Gensdarmes liegt ein Widerschein der Verklärung: in Schönheit sterben, wenigstens im Übermut sterben, in einer Gedankenlosigkeit, wie sie zur Dressur dieser Offizierskaste gehört; noch in Bülows ›infernaler Eigenliebe‹, mit der er Preußen intellektuell zerfleischt, ist pervertierte Liebe zu Preußen. Als Brennpunkt die Extremfigur Schach mit der Diagnose: ästhetische Form, tödliche Form, Krankheit zum Tode. *Sein* Individuelles, *das* Individuelle ist das Allgemeine.

Der Fall Schach ist aber auch der Fall Fontane. Der Autor ist die ins Produktive gewendete ästhetische Existenz – was Fontanes Erzählen noch unreflektiert zugrunde liegt, wird bei Thomas Mann Thema. Fontanes Erzählen ist das Bewußtsein Schachs; deshalb ist Schach, verglichen mit anderen Figuren, gemessen aber auch an der Radikalität seiner Entscheidung, bewußtlos. Die Form des Erzählens in Interferenzen zwischen Reden und Reden, Reden und Ereignissen, Analyse und hermeneutischem Verstehen; eine

Komposition von den Rändern her; eine Ironie, die Sentimentalität balanciert und denunziert, die selbst nicht Position, sondern eine Art von Negation der Negation ist – das alles gehört zusammen und zu einem Geschichtsbild, dessen Träger und Autor selbst an einem Ende ist. ›Schach von Wuthenow‹ liest sich als Widerruf von ›Vor dem Sturm‹. Es ist aufschlußreich, daß die Chronologie der Werke die Chronologie der Geschichte umkehrt, daß dem Bild des beginnenden Aufbruchs der Freiheitskriege das Bild des seiner Katastrophe entgegentreibenden Preußen folgt. Von nun an herrscht unbeschränkt Skepsis. Noch der alte Dubslaw von Stechlin ist ein Außenseiter, der nicht mehr mitspielt, freilich menschlich reicher, reifer und – sehr viel älter als Schach. Er muß dem Tod nicht mehr nachhelfen. Schach will nicht den Abschied nehmen und nimmt sich das Leben, Dubslaw hat in Bezug auf den Abschied die entgegengesetzte und doch keine gänzlich andere Entscheidung getroffen.

Und auch dieses Resumee ist wieder durch Fontane relativiert. Der gute Schach und der gute General Köckritz und der gute König von Preußen sind freilich Männer, mit denen man weder Staat noch gar Geschichte machen kann. ›Ein *wirklich* großer Mann wird nicht um seiner Güte willen gefeiert und noch weniger danach benannt‹ [S. 55]. Nur Napoleon, dessen Schatten über Preußen liegt, ist groß, aber gerade an dieser nicht auftretenden Figur der Erzählung zeigt sich, wie tief fragwürdig der geschichtliche Täter, heiße er Napoleon oder Bismarck, für Fontane ist. Ist Geschichte vielleicht nur dann menschlich, wenn sie nicht stattfindet? In der Mitte des Preußen von 1806 Leere, Theater oder nicht doch auch etwas – das Gespräch, und sei es über Theater und Masken? Das Gespräch ist Humanität als Nichthandeln, Humanität als Endstation. Bülow beherrscht das Gespräch gerade deshalb nicht, weil er es zu dominieren, die Meinungen zu ›terrorisieren‹ [S. 3] sucht. Fontanes Erzählen ist Victoires Perspektive sehr viel näher als dem Bülowschen Entlarvungsgestus. Eine durch das Fegefeuer der Krankheit und des Skandals gegangene, katholisierende Victoria auf den Stufen von Araceli – das ist als restitutio in integrum [S. 63] eine mit unergründlichem Lächeln angebrachte Vordeutung auf Preußens Regeneration von 1813. So differenziert Fontane das Preußen von 1806 darstellt, so sorgfältig ist alles ausgespart, was politisch, gesellschaftlich und geistesgeschichtlich auf 1813, die Wiederherstellung aus der Katastrophe, hinweisen könnte. Die ›Genialitätsleute‹ Massenbach und Phull lassen sich beim Prinzen Louis entschuldigen und werden von keinem vermißt, am wenigsten vom Autor. Nur *ein* eindeutiges, dafür aber völlig nacktes und sprachloses Symbol ist vorhanden: das Kind, das der gezeugt hat, der nicht zeugen wollte. Pure Chronologie, pure Reproduktion, purer Naturvorgang zum Symbol überhöht – das himmlische Kind? Ja und nein, denn auch wenn ›Vor dem Sturm‹ durch ›Schach von Wuthenow‹ revoziert wird: pure Chronologie ist und bleibt auch pure Geschichte und läßt sich als solche nicht umkehren, will als solche nicht umgekehrt sein. Durch pure Chronologie ist ›Schach von Wuthenow‹ historische Dichtung, in deren historischem Stoff etwas anderes als die Gegenwart Fontanes, aber etwas sie Betreffendes erscheint. Durch nichts unterscheidet sich ›Schach von Wuthenow‹ von Fontanes späteren Gesellschaftsromanen mehr als dadurch, daß er 1806 spielt. Wer aber 1806 sagt, sagt damit unausgesprochen und notfalls sogar gegen den Wortlaut seines Sprechens auch 1813.

Er sagt es schweigend. Seine Positionsanzeige zeigt Hoffnung als Hohlform. In sie ergießt sich die Rede als von Gewesenem. Überall in Fontanes Erzählen wird Gesellschaft als Thema und Horizont präsent; hier ist der Horizont des Erzählens die Geschichte, vor dem ein ganzes Staatswesen in seiner gesellschaftlichen und politischen Verfassung erscheint. Über das Preußen von 1806 kann man so gut sprechen wie über Schuld und Größe der Templer, weil es vergangen ist wie sie. Das Erzählen von diesem Vergangenen ist, 1813 überbietend, die Erhebung Preußens in der Kunst, die Aufrichtung des steinernen Ritters, auf daß ihm nicht das Gesicht abgeschurrt werde [S. 39 f.], nach dem biblischen Gebot: ›Du sollst deinen Toten in Ehren halten und nicht schädigen an seinem Antlitz‹ [S. 40]. Auf 1806 ist 1813 gefolgt, darauf die Restauration, darauf die Revolution von 1848, darauf der Aufstieg Preußens, die Reichsgründung unter Bismarck, die Gründerzeit. Keine durchgehend erhebende Geschichte für Fontane; immerhin eine, über die sich reden läßt. Solange über Vergangenheit geredet wird, ist Gegenwart. Solange geredet wird, wird gelebt.«

Gerhard Kaiser: ›Schach von Wuthenow‹ oder die Weihe der Kraft. In: Jahrbuch der Deutschen Schillergesellschaft 22 (1978) S. 474–495.

3. *Die Fernsehfassung*

Die Novelle »Schach von Wuthenow« wurde 1976 in der DDR verfilmt. Die folgenden Rezensionen dieser für das Fernsehen hergestellten Produktion stellen nur eine kleine Auswahl aus den Kritiken dar, die anläßlich der Sendung am 17. Juli 1977 erschienen und die sich sämtlich im Theodor-Fontane-Archiv der Deutschen Staatsbibliothek (Potsdam) befinden.

»Theodor Fontane, realistischer Erzähler seiner Zeit, wird in zunehmendem Maße gelesen und verehrt. Man kann von Glück sagen, wenn eines seiner Bücher in der Buchhandlung zu erstehen ist. Mit der Verfilmung der Erzählung ›Schach von Wuthenow‹ will das Fernsehen der DDR einem großen Zuschauerkreis dieses Fontane-Werk zugänglich machen. Es handelt sich um eine Liebesgeschichte aus dem Berlin des Sommers 1806; sie spielt in der Zeit vor der Niederlage bei Jena und Auerstedt, die die preußische Armee im Kampf mit den napoleonischen Truppen erlitt und die den Zusammenbruch des friderizianischen Preußens herbeiführte.
Die Geschichte vom Untergang des preußischen Rittmeisters Schach von Wuthenow ist die von symbolischem

Gehalt erfüllte Vorgeschichte dieses Zusammenbruchs: Ein Offizier wird zum Opfer seiner verlogenen Ehrbegriffe und preußischer Beschränktheit. Er liebte die Mutter, verführte die Tochter und wurde gezwungen, seinen Schritt zu legitimieren. So heiratet er auf Befehl Victoire von Carayon. Seine Eitelkeit erträgt es jedoch nicht, daß die Gesellschaft über ihn lacht, und so macht er in der Hochzeitsnacht seinem Leben ein Ende. Mehr sei hier über den Gang der Handlung dieser Erzählung nicht gesagt, die erst nach 1945 in ihrer historischen und politischen Relevanz die ihr zustehende literarische Wertschätzung fand. Seitdem gilt sie als Meisterwerk in der Kritik am historischen Preußen, ›als einsamer Gipfel deutscher historischer Erzählkunst‹.
Richard Engel, Regisseur des Films, sagte zu der Wirkungsabsicht und zum Inszenierungsstil folgendes:
›Es kam vor allem darauf an, die psychologischen Beziehungen der drei Hauptpersonen, des preußischen Offiziers, des Mädchens Victoire und der schönen Mutter Josephine, in aller Widersprüchlichkeit darzulegen; in diesen Beziehungen die Frage zu prüfen, inwieweit die tiefsten Regungen eines jeden echt und von Bestand sind. Dabei war es wichtig, die Figur des Preußen Schach ernst zu nehmen, weder in Klischees noch Karikatur zu geraten. Dieser Mann stellt hohe moralische Forderungen an sich. Er zerbricht daran, daß er sie nicht erfüllen kann. Er muß sich selbst als Heuchler erkennen. An dieser, seiner moralischen Niederlage scheitert er. Victoire sagt einmal über ihn: „Er konnte sich selbst nicht besiegen.“‹
In dem Mädchen Victoire, das sich – ohne äußere Schönheit – in einer Welt des äußeren Scheins behaupten muß, sieht Richard Engel die Identifizierungsfigur für den heutigen Zuschauer. Sie ist ein Mädchen, das mit dem Herzen denkt. Sie ist dazu fähig, Schwächen, Eitelkeit und konventionelle Beschränktheit des von ihr geliebten Schach zu erkennen und trotzdem an ihn zu glauben. In dieser tragischen Verquickung spiegelt sich die eigene widersprüchliche Beziehung Fontanes zum preußischen Staat wider.

Die Regie verzichtete auf äußere Effekte. In Art eines Kammerspiels werden dem Betrachter der Konflikt des Mannes Schach und die Charaktere der Menschen um ihn entschlüsselt. Inszeniert wurde mit Genauigkeit im Detail und dem künstlerischen Anspruch, an dem Schicksal Schach von Wuthenows das baufällige preußische Königreich zu erkennen.«

Anna Stefan: Schach von Wuthenow. Fontane-Erzählung für das Fernsehen der DDR verfilmt. In: Lausitzer Rundschau (Cottbus). 15. 7. 1977.

»Es ist immer dasselbe, die Verfilmung (auch die über den Bildschirm) eines größeren Werkes der erzählenden Prosa entfernt sich von dieser Prosa. Im Falle des ›Schach von Wuthenow‹ Theodor Fontanes im Fernsehen erlebte man es wieder. Wer die ›Erzählung aus der Zeit des Regiments Gensdarmes‹ nur einigermaßen kennt, wird auch manches Detail vermißt haben – etwa jene schöne, fast behagliche, aber doch schon Gewitter historischen Ausmaßes ankündigende Eingangsszene im Salon der Frau von Carayon. Aber erstes Befremden, das kaum vermeidbar ist, wenn ein Werk in ein anderes Genre transponiert worden ist, wich dem sich immer mehr vertiefenden Eindruck: Dennoch, dies ist ganz und gar Fontane.

Drehbuchautor (Christian Collin) und Regisseur (Richard Engel) haben ein Äußerstes an Feingefühl für die ideellen Drehpunkte der Fontaneschen Fabel und für die Ausleuchtung der Charaktere aufgebracht, so wie sie von Fontane gedacht sind. Der Untertitel ›. . . aus der Zeit des Regiments Gensdarmes‹ ist vom Dichter nicht historisch anheimelnd gemeint, sondern er betont eine Distanz. Sie gilt kritisch jener Zeit, da das alte Preußen noch in seinen Illusionen leben zu können glaubt und es schon nicht mehr kann. Die Unfähigkeit Schachs, die Schatten veralteter gesellschaftlicher Konventionen zu überspringen, was allein ihm die Möglichkeit geboten hätte, zu sich selbst, zu seiner Liebe und zu sozialer Wirklichkeit zu finden, symbolisiert jenen Zeitpunkt, wo Preußen untergangsreif in die Napoleonischen Kriege verwickelt ist. Sie ist gleichzeitig die Tragödie eines (historischen) Charakters, der sich nicht selbst besiegen konnte. In beiden Richtungen geht denn der Film auch vor.

Er hat Fontanes sozialhistorische Analyse im Auge, verliert sich nicht – trotz aller Gedrängtheit der Fabelführung – in einem nur auf die Figurenbeziehungen gerichteten Handlungsablauf, und er faßt die Charaktere groß auf. Wenn man so will, größer, bezeichnender als es bei Fontane selbst auf den ersten Blick zu geschehen scheint. Allerdings trügt der Schein. Die Figuren sind bei Fontane aus der Auseinandersetzung des Dichters zwischen Poesie und Realität des preußischen Adels und preußischer Geschichte problemoffen aufgebaut.

Man kann über die Gestalt des Schach von Wuthenow in Fontanes Erzählung, über ihre historische und charakterliche Stellung vieles sagen (was hier nur andeutungsweise geschieht). Was einem schwerfällt, ist das Bild seiner äußeren Erscheinung zu fassen. In der Verkörperung durch Michael Gwisdek ist ein Vorschlag, ihn zu ›sehen‹, unterbreitet, der haften bleibt. Gwisdek hat die Sauberkeit und Widersprüchlichkeit dieses Charakters, fern jeder Schablone eines Junkers (ja diesen Adligen von seiner Kaste abhebend und dadurch das Junkertum verurteilend), überzeugend gegeben. Dabei waren für mich am stärksten solche Szenen des Skrupels (Heiraten oder nicht) wie die nach dem Empfang beim König oder die geradezu originalgetreu geratene Episode in Wuthenow; und gleichwertig würde ich die Liebesszene mit Victoire danebenstellen oder die weiche Gestimmtheit des Hochzeitsabends, der dem Selbstmord voraufgeht.

Die nächste Entdeckung, so würde ich es nennen wollen, war die Victoire von Petra Kelling. Ihre Victoire steht in einem dreifachen Schatten, und doch fällt auf sie das volle Licht eines empfindungsreichen, noch in aller Entsagung lebenstüchtigen Menschen: Verunstaltung durch die Pokken, leises Resignieren und wieder Hinneigen dieser Tochter zu einer möglichen Liebesbeziehung zwischen der Mutter, Frau von Carayon, und dem Gegenstand ihrer eigenen Neigung, Schach, sowie gesellschaftliche Hintansetzung aus Hübschheitskonventionen: Das alles verbindet sich in der Darstellung von Petra Kelling übergangslos-fließend mit der Helle eines Diesseitigkeit träumenden Daseins. Die Kelling hat Victoire als Gestalt dramatisch erweckt, und sie hat ein Stück Fontanescher Philosophie ins Bild gebracht.

Was allerdings auch von ihrer Freundin, der Mutter, in der Verkörperung durch Beata Tyszkiewicz gilt. Liebesanspruch und Verzicht, Gerechtigkeitssinn und Standesmeinung faßt die polnische Schauspielerin auf die Weise, die nach Fontane das Menschliche meint und nicht den Adel. (Dabei hat die deutsche Synchronsprecherin, Lissy Tempelhof, genau ihren Gestus getroffen.)

Die ausnehmend gute Besetzung verlangt ausdrückliche Erwähnung fast jeder Rolle. Ob es sich um den junkerhaften Nostitz (Bernhard Baier) handelt oder den mit Delikatesse gegebenen Alvensleben, diese persönlich bescheidene Wiederholung des Schach (Walter Plathe), ob es um den geistreich aufgefaßten, auch in seiner historischen Person weitblickenden Bülow von Klaus Piontek geht – es wäre des Lobes über das Figurenverständnis vieles zu sagen. Und nicht zu schweigen von Marga Legals ›Tante Marguerite‹ (die bloß noch ein bißchen mehr ›Kürche‹ statt ›Kirche‹ hätte sprechen dürfen)!

Etwas äußerlich-zufällig schienen mir einige Straßenszenen. Allzu studentisch-kommershaft geriet die Bierrunde im Kreise der Offiziere vom Regiment Gensdarmes, die sich den Luther-Mummenschanz vornimmt; der von Fontane beschriebene Typus einer borniert-junkerlichen Entgleisung war da nicht erreicht.

Bliebe noch zu denken an die Farbregie, die Zeitkolorit und Werkkolorit genau trifft, ja stilgebend ist für den Film. Und nicht zu vergessen die kontrapunktische Begleitung der Handlung mit Zitaten aus Beethovens Klaviersonate f-Moll op. 2 Nr. 2, die als klopfendes Motivwerk und als Mittel historischer Konkretisierung der Handlung und ihrer Problematik genutzt war.«

Hans-Jürgen Geisthardt: Charaktere und ein Bild ihrer Zeit. Fontanes ›Schach von Wuthenow‹ im Fernsehen. In: Neues Deutschland. Berliner Ausgabe. 19. 7. 1977.

»›Da haben Sie das Wesen der falschen Ehre‹, läßt Theodor Fontane in der literarischen Vorlage zu diesem Fernsehfilm seinen von Bülow sagen. ›Sie macht uns abhängig von dem Schwankendsten und Willkürlichsten, was es gibt, von dem auf Triebsand aufgebauten Urteile der Gesellschaft und veranlaßt uns, die heiligsten Gebote, die schönsten und natürlichsten Regungen eben diesem Gesellschaftsgötzen zum Opfer zu bringen.‹
Gemeint ist das von hohlem Pathos, mißbrauchtem Ehrbegriff und Eitelkeit durchdrungene Preußentum zu Beginn des 19. Jahrhunderts. Die tragische Liebesaffäre zwischen dem Offizier der Gendarmes – einem der berühmtesten Regimenter jener Zeit – des Rittmeisters Schach von Wuthenow und dem von Blattern entstellten Mädchen Victoire von Carayon, verlief symptomatisch für diese, dem Untergang geweihte Gesellschaft. Das sinnlose Ende des Helden widerspiegelt also die historische Situation. Darum auch verlegte Fontane die Handlung an den Beginn des Krieges 1806, der mit der verlorenen Schlacht bei Jena und Auerstedt jenem fridrizianischen Preußen den Todesstoß versetzte.
Echt sind die Fontaneschen Gestalten. Besonders die Frauen, an deren Schicksal der Schriftsteller es liebte, gesellschaftliche Konflikte zu verdeutlichen. Die kluge warmherzige Josephine von Carayon ist im Spiel der Beata Tyskiewicz überzeugend, mit Lissy Tempelhofs Stimme allerdings ein wenig zu herb geraten. Tochter Victoire, zu deren Äußerem sich Schach nach folgenschwerer Liebesnacht nicht zu bekennen wagt, wird von der jungen Petra Kelling äußerst sensibel nachempfunden. Jede Gefühlsregung dieser liebenswerten Figur läßt sich an dem Gesichtchen ablesen, schließlich auch ihr Verständnis für die Kapitulation des

geliebten Mannes, ›der nicht die Kraft gehabt, dem Spotte Trotz zu bieten‹.

Der zu Beginn ein wenig blasse, durchweg eckige Schach Michael Gwisdeks trifft dennoch den Typ des in Konventionen verketteten Offiziers als ›einen der Besten und wirklich Guten. Er spricht nicht nur von Ritterlichkeit. Er ist es auch‹. Aber auch als ›einen, der krankhaft abhängig ist, abhängig bis zur Schwäche von dem Urteil seiner Standesgenossen‹.

Köstlich noch die Figur der Tante Marguerite, der Marga Legal jene schrullige, höfische ›Ich weiß nicht wie‹-Weltfremdheit verleiht, mit der sie ihre Rede ›selbstverständlich mit französischen Einschiebseln und Anredefloskeln garniert‹.

Voller Atmosphäre auch der jeweilige Ort der Handlung. Für die Wohnung Carayon wurde das Nikolaihaus in der Nähe des Berliner Spittelmarkts gewählt, für viele der Außenaufnahmen Potsdamer Straßenzüge. Dem angepaßt ist die Musik von Beethoven und Prinz Louis Ferdinand, der in jener verlorenen Schlacht sein Leben ließ. Christian Steyer spielt diese Musik und den Prinzen.

Wenn sich dennoch nicht ganz so der Zauber Fontanescher Erzählweise einzustellen vermag, wie bei den Verfilmungen von ›Effi Briest‹, für den übrigens ebenfalls Christian Collins das Drehbuch verfaßte, und bei ›Irrungen, Wirrungen‹, so liegt es wohl daran, daß diese Dramatisierung unter Regie von Richard Engel mehr einer Illustration des Buches gleicht. Die Umsetzung von Literatur in das Medium Fernsehen mit seinen Spezifiken aber nicht wie bei den genannten gelang.

Das humanistische Anliegen Fontanes jedoch berührt uns, und sein Weitblick, wie wiederum bei Bülow formuliert: ›Diesem Kultus einer falschen Ehre ... ist denn auch Schach erlegen. Und größeres wird folgen.‹«

Eva Rupprecht: Gelungenes Zeitbild. Theodor Fontanes ›Schach von Wuthenow‹ auf dem Bildschirm. In: Bauernecho (Berlin). 21. 7. 1977.

IV. Texte zur Diskussion

Die folgenden Texte charakterisieren die Zeit der Erzählung und sollen in die Geschichte des preußischen Staates und in die äußeren und inneren Verhältnisse der Residenzstadt Berlin zu Beginn des 19. Jahrhunderts einführen. In Berlin als dem Hauptschauplatz der Erzählung wurde die Politik gemacht, die zum Zusammenbruch des preußischen Staates, aber auch zu seiner Erneuerung führte, und so schwingt in den zitierten Texten aus den Stadtgeschichten von Schwebel und Streckfuß zugleich etwas von jener politischen Stimmung mit, die für die Zeit der Erzählung und in besonderem Maße für die Bewohner der Stadt charakteristisch ist.
Eine Ergänzung zu diesen Texten bietet Sagave, der in bibliographischen Hinweisen (S. 190f.) und einer Dokumentation (S. 153–172) weiterführende Literatur, vor allem zeitgenössische Quellen, anführt und zitiert.

Aus der »Städteordnung von 1808«:

»Über den Eindruck, den die Stadt auf den Fremden machte, besitzen wir verschiedene Äußerungen, meist in Form von Briefen. So in Kosmann und Heinsius Denkwürdigkeiten von 1798 und 1800, in der Zeitschrift ›Berlin eine Zeitschrift für Freunde der schönen Künste‹ 1799 und 1800, in dem Buche Tableau de Berlin à la fin du dix-huitième siècle 1801, in den Jahrbüchern der preußischen Monarchie 1798. Diese Urteile rühmen die hellen, geräumigen und luftigen Straßen und Plätze, wobei die fünffache Lindenallee als einzig in Europa hingestellt wird, dann die große Anzahl geschmackvoller öffentlicher und Privatgebäude. Man liest sogar, daß Berlin als die vornehmste Stadt oder auch als die Königin der Städte in Deutschland anzusehen sei. Wenn in diesen Schilderungen vielleicht manches übertrieben wird, so bestätigt doch Frdr. von Cölln, der gewiß nicht verdächtig ist, Berliner Zustände schön färben zu wollen, vieles, was in jenen Briefen als lobenswert hervorgehoben wird. Man vergleiche hierzu sein Buch ›Wien und Berlin in Parallele‹, Amsterdam und Cöln 1808. Auch Bratring, der als ein nüchterner Beurteiler gelten darf, steht nicht an, zu bemerken, daß Berlin eine der schönsten Städte Europas sei. Alle diese anerkennenden Urteile hatten aber nicht die alten Stadtteile, das eigentliche Berlin und Köln mit den östlichen Vorstädten im Auge, sondern den Friedrichswerder, die Friedrichstadt und die Dorotheenstadt, deren großartige Anlage den Königen, besonders Friedrich I. zu verdanken war. In den Schilderungen ist stets nur die Rede von der Lindenpromenade, dem Opernplatz, dem Gendarmenmarkt, dem Wilhelmplatz, der Leipziger Straße, dem Dönhoffplatz und anderen Teilen des damaligen Westens, nicht von den Straßen der alten Stadt, selbst nicht von der Königstraße. Nur der Lustgarten und die Contre-Escarpe (der Alexanderplatz) werden allenfalls erwähnt. Bratring setzt zu seiner Bemerkung, daß Berlin eine der schönsten Städte Europas sei, als Erklärung hinzu: ›die älteren Teile tragen zwar in Absicht der Anlage das Gepräge des Altertums, aber die später angebauten Friedrichswerder und Dorotheenstadt sowie die Vorstädte sind regelmäßig und geschmackvoll angelegt.‹ Unter den Gebäuden werden meist Schloß, Zeughaus, Opernhaus, Palais des Prinzen Heinrich und andere durch König Friedrich I. und seine Nachfolger geschaffene öffentliche Bauwerke hervorgehoben, die alten berlinischen und kölnischen mit Stillschweigen übergangen. Das Gleiche ist bei den Privatgebäuden der Fall. Von den zehn Häusern, die Bratring namhaft macht, lag nur eins in der alten Stadt, das gräflich Haackesche in der Klosterstraße. Friedrich II. hatte nach dem siebenjährigen Kriege wohl gegen 300 Privathäuser auf seine Kosten erbauen lassen und so das Straßenbild nicht wenig verschönert. Von diesen standen einzelne auch am Schloßplatz, in der Breitenstraße, Königstraße, auch in den berlinischen Vorstädten, bei weitem die Mehrzahl aber lag Unter den Linden, in der Leipziger Straße, überhaupt in der Friedrichstadt. Den Vorzügen in der äußeren Erscheinung der Residenz gegenüber werden aber auch die Schattenseiten nicht übergangen. Mit dem Lobe über die schönen Straßen verbindet sich die Klage über den Sandstaub, das schlechte Pflaster aus spitzen Feldsteinen, wenn es nicht überhaupt fehlte, wie es der Opernplatz und der Wilhelmplatz z. B. noch entbehrten, über die offenen übelriechenden Rinnsteine, die mangelhafte Reinigung der Straßen, die Ungangbarkeit der Bürgersteige wegen der Treppen, Auffahrten und Kellerhälse. Wenn schon ähnliche Verhältnisse damals auch in anderen großen Städten geherrscht haben mögen, so ist doch aus dem allgemeinen Urteil der Überlieferungen zu entnehmen, daß Berlin sich besonders durch dergleichen Übelstände auszeichnete. Das Tableau de Berlin, das sich sonst ganz besonders günstig über Berlin ausspricht, vermißt einen der Residenz entsprechenden Straßenverkehr an Kutschen, Reitern und vornehmen Personen. Die ungenügende Straßenerleuchtung, worüber sich noch 1796 laute Klagen erhoben, war aber 1803 durchaus erneuert und nach den Zeugnissen von Gaedicke und Bratring bedeutend verbessert. Man bediente sich großer Laternen mit Reverberen[1], teils auf Armen an den Häusern, teils auf Granitpfählen, teils auch über der Straße schwebend, wie z. B. Unter den Linden.

Nach einer Tabelle in der Neuen berlinischen Monatsschrift, hrsg. von Biester, Band 13 (1805) nahm Berlin unter den großen Städten Europas hinsichtlich der Einwohnerzahl die sechste Stelle ein. Es wurde übertroffen von London, Paris, Wien, Amsterdam und Petersburg. Die Einwohnerzahl betrug nach Boeckhs historischer Tabelle 1805: 155706 Zivil- und 11489 Militärpersonen. Bei der Zahl der Militärpersonen nahm Boeckh an, daß die Angehörigen, die Frauen und Kinder mit einbegriffen und nur 3509 wirkliche Soldaten seien. Bratring gibt jedoch für 1803 die Zahl der wirklichen Soldaten auf 13659 an, und seine Angabe wird wohl auch für 1805 noch richtiger sein, als die von Boeckh, wenn man bedenkt, daß in diesem Jahre noch 2 Kavallerie-, 6

1 Öl-(seit 1826 Gas-)laternen mit Reflektoren (frz. Réverbère).

Infanterie-, 2 Artillerieregimenter und verschiedene kleinere Truppenteile in Berlin ihr Quartier hatten, abgesehen von den militärischen Behörden und Anstalten. Die militärische Bevölkerung war also im Verhältnis zur bürgerlichen sehr zahlreich, und es ist erklärlich, daß Berlin auf die Zeitgenossen den Eindruck eines großen Waffenplatzes machte. Das militärische Element spielte auch bei den bürgerlichen Einrichtungen [...] eine hervorragende Rolle. Das Beamtentum war durch den Hofstaat, die Zentral- und Provinzialbehörden und die verschiedenartigen Anstalten sehr reichlich vertreten, wie das amtliche Adreßbuch ausweist. Schon Nicolai zählte 1786 3433 Beamte, seitdem werden es nicht weniger geworden sein. Dennoch muß das gewerbliche Leben sich im öffentlichen Verkehr sehr bemerkbar gemacht und der Stadt das Ansehn einer werdenden Industriestadt gegeben haben. ›Berlin ist durch Friedrichs II. Bemühungen eine wirkliche Manufakturstadt geworden‹, sagt Bratring und an einer anderen Stelle: ›Berlin ist im eigentlichen Verstande ein Fabrikort, denn den Künstlern und Fabrikanten verdankt die Residenz vorzüglich ihre Größe und ihre Bevölkerung.‹ Die Hauptzweige dieser Industrie waren allerdings mit staatlicher Unterstützung hervorgerufen und wurden nur durch sie am Leben erhalten. Die größten Betriebe, die im Lagerhause in der Klosterstraße befindliche Tuchweberei, die Porzellanfabrik in der Leipziger Straße, die Pulverfabrik in der Gegend des heutigen Packhofs an der Unterspree, die Gießerei hinter dem Zeughause waren Staatsanstalten, die Gold- und Silberwaren-Manufaktur am Wilhelmplatz, deren Haupterzeugnisse in Tressen und Borten bestanden, verdankte ihr Dasein und ihre Blüte überhaupt nur dem ihr verliehenen Monopol und den Aufträgen der Militärverwaltung, die Seidenindustrie, die 1803 nach Bratring noch 7770 Arbeiter beschäftigte, hatte Friedrich Wilhelm I. gegründet, Friedrich II. mit großen Opfern an Geld zur Leistungsfähigkeit gefördert, und sie hielt sich in dieser nur durch staatliche Fürsorge. [...]

In der äußeren Erscheinung Berlins trat, wenn man die

Nachrichten aus jener Zeit zusammenfaßt, deutlich ein doppelter Charakter hervor. Die Stadt war zum Teil eine Landstadt mit ausgedehnter Feldwirtschaft innerhalb und außerhalb der Mauer und mit dem Betriebe ländlicher Gewerbe, so daß man in zahlreichen Häusern und Höfen und in den Straßen das Landleben vor Augen hatte. Andrerseits bot sie das Bild der würdig und schön ausgestatteten Residenz eines ansehnlichen Staates mit einer Einwohnerschaft, wie sie der Sitz des Hofes und der Staatsregierung voraussetzen lassen. Die beiden ungleichartigen Bestandteile schieden sich aber räumlich durchaus. Die Ackerstadt beschränkte sich auf den Osten, Altberlin mit seinen Vorstädten und auf die kölnischen Vorstädte, die Luisenstadt und die Köpnicker Vorstadt; hier hatte auch die Fabrikbevölkerung ihren Sitz genommen. Zur Residenz war Altköln und der damalige Westen bis an die Stadtmauer zu rechnen, die Stadtteile, die ihre Anlage und Ausstattung vornehmlich den preußischen Königen zu verdanken hatten.«

Die Städteordnung von 1808 und die Stadt Berlin. Hrsg. von Paul Clauswitz. Berlin: Springer, 1908. S. 2ff.

Aus der »Geschichte der Stadt Berlin« von Oskar Schwebel:

»Von inneren Verbesserungen [...] ist folgendes bemerkenswert:
Der Lustgarten erhielt noch im Jahre 1803 zugleich mit den Linden eine neue Zierde, als das vorher hölzerne Geländer der letztgedachten Allee weggenommen, und mit steinernen Kegeln und eisernen Stangen ersetzt, die Promenade selbst aber, so wie die Straße auf beiden Seiten erhöht und eben so der Lustgarten mit Pappeln und Kastanien bepflanzt wurde. Die Außenseiten nach dem Schlosse und dem Dome zu wurden mit steinernen Säulen, die mit Eisen verbunden und mit Laternen versehen waren, eingefaßt; der mittlere Gang quer über den Platz wurde mit Kies erhöhet und geebnet. Zur nämlichen Zeit wurde fast die ganze Friedrichstraße neu

gepflastert und durchaus erhöht, und in deren Mitte, von der Dorotheenstraße an bis an die große Weidendammerbrücke, ein Abzugskanal angelegt. Eben so wurde die Leipziger-, Markgrafen- und Charlottenstraße gepflastert und durchaus erhöht. Für eine bessere nächtliche Erleuchtung wurde im Jahre 1803 dadurch gesorgt, daß anstatt der kleinen dreieckigen Laternen, die auf hölzernen Pfählen standen, in den Hauptstraßen und volkreichen Gegenden größere Laternen mit Reverberen, jede mit zwei Lichtern versehen, entweder an eisernen Stangen an den Häusern oder auf Granitpfählen oder endlich an Stricken quer über der Straße hängend, angebracht, die älteren kleinen Laternen dagegen in die weniger frequenten Gassen und in die Vorstädte gebracht wurden, so daß nunmehr keine Gasse der Stadt in den Winterabenden ohne Erleuchtung war. Die Bürgersteige wurden von den übelaussehenden und unbequemen Kellerhälsen und hohen Rampen allmählich befreit, und für die Fußgänger bequemer eingerichtet. Die Straßen aber wurden an den Eckhäusern mit Namen bezeichnet, und die Häuser mit vergoldeten Ziffern auf blauem Blech über dem Haupteingang versehen, jedoch so, daß jede Straße mit einer neuen Nummer anfing und hiermit einer bis dahin stattgehabten bedeutenden Unbequemlichkeit in der Residenz auf eine eben so zweckmäßige als zierliche Art abgeholfen wurde. Durch eine Privatunternehmung wurde am Ende des Jahres 1800 auch eine Fußbotenpost eingeführt. Boten mit Kasten versehen, in welche man die Briefe hineinwarf, kündigten ihre Annäherung durch eine kleine Glocke an, gingen zu gewissen Stunden des Tages herum und sorgten auch für die Verteilung der eingesammelten Briefe. [...]

Es waren zwei einander widerstrebende Richtungen, welche bei Hofe aufeinanderstießen. Auf der einen Seite stand das sittlich makellose Königspaar, welches sein höchstes Glück in seinem einfach-schönen Familienleben suchte und fand. Es fehlte indessen sehr viel, daß dieses Vorbild in der Hofgesellschaft allgemeine Nachfolge gefunden hätte. Man strebte wohl nach dem Scheine, ein sittenreines Leben zu

führen; man überließ sich im Geheimen indessen nur um so ärgeren Ausschweifungen. Das königliche Paar führte einen überaus einfachen Hofhalt, wenn sich dasselbe den Freuden seiner Häuslichkeit überließ; andrerseits fehlte es indessen auch an glänzenden Festen nicht, sobald die Zeit oder die Veranlassung zu denselben gekommen war. Mit welcher Anmut tanzte die vom Sonnenscheine des Glückes so hold umstrahlte Königin; wie gern war sie fröhlich! Wie erfreute sie sich an der Pracht des Karnevals, an dem Glanze der Redouten, an der holden Zierlichkeit der Kinderbälle! Bald gehörten diese letzteren zu den beliebtesten Vergnügungen des Hofes. Daß Kotzebue einen dieser Kinderbälle, welchen der Hofmarschall von Massow im Jahre 1803 veranstaltet hatte, im ›Freimütigen‹, seiner neuen Berliner Zeitschrift, aufs Ausführlichste beschrieb, vermag uns heut indessen nur ein Lächeln abzugewinnen.
Neben der schönen, den Sonnenschein des Glückes nur eine kurze Spanne Zeit fröhlich genießenden Königin erregte indessen noch *eine* Persönlichkeit, welche mitten im Hofleben stand, die besondere Aufmerksamkeit der bürgerlichen Kreise von Berlin. Es war dies der Prinz Friedrich Ludwig Christian, gewöhnlich nur der Prinz Louis Ferdinand genannt.
Seine glänzende Persönlichkeit hat einige so meisterhafte Schilderungen gefunden, daß wir uns hier kurz zu fassen vermögen. Gerade in *seinem* Charakterbild zeigt sich indessen jener dualistische Zug der Berliner Gesellschaft, auf welchen wir eben aufmerksam machten, am Deutlichsten. Ein Ehrgeiz, welcher sich verzehrt, weil ihm kein Ziel eines würdigen Strebens dargeboten wird, und eine Fülle hoher Talente verbinden sich in ihm mit dem ungezügeltsten Lebensgenusse und mit einer rückhaltslosen Hingabe an alle Leidenschaften der damaligen Gesellschaft. Sein Haus in der Friedrichstraße bei der Weidendammer Brücke und seine Villa in Moabit erblickten Männer wie den Publizisten Friedrich von Gentz, den großen Wilhelm von Humboldt, den berühmten Verfasser der ›Schweizer Geschichte‹,

Johannes von Müller, und Friedrich von Schlegel als Gäste des Hausherrn. Gleichwohl aber wurden Festgelage in denselben abgehalten, welche dem schönen und hochsinnigen Prinzen den Namen eines preußischen Alcibiades eintragen *mußten*. ›Zwei Seelen wohnten auch in seiner Brust! Die eine zog ihn abwärts in den Staub; die andere versuchte ihn aufwärts zu des Äthers reiner Höhe aufzutragen.‹ Es ist derselbe Widerstreit wie z. B. in Hardenbergs Lebensführung und Streben. Obwohl das Volk von Berlin eine genaue Kenntnis der Liebeshändel des Prinzen besaß, blickte dasselbe dennoch mit hohem Vertrauen auf diesen Hohenzollern hin, und Prinz Louis Ferdinand hat dieses Vertrauen in der schlimmsten Stunde auch *nicht* getäuscht.
Dieselben Gegensätze, welche die Hofgesellschaft zerklüfteten, fanden sich indessen *überall* vor.

> Es ist hier keiner ohne Tadel,
> Nicht Fürst, nicht Volk, nicht Heer nicht Adel,

– dies zürnende Dichterwort schildert die Berliner Gesellschaft vor 1806 am besten.
Da sehen wir's z. B., wie die Offiziere der Berliner Gensd'armes im August des Jahres 1805 jene berüchtigte Schlittenfahrt unternahmen, welche auf eine Verspottung Luthers und seiner Gemahlin Katharina von Bora hinauslief; – ein Herr von Nostitz hatte die Anordnungen zu derselben getroffen; ein Leutnant von Zieten trug dabei das Kleid einer berüchtigten Kupplerin der Stadt. Katharina von Bora aber, eine riesenhafte Gestalt, von dem Herrn von Nostitz selbst dargestellt, ritt auf einer Pritsche, in der einen Hand eine Hetzpeitsche, in der anderen eine Fackel haltend. Die Bestrafung, welche den Veranstaltern des Unfugs zu teil wurde, war nur eine sehr milde. Der Übermut der Offiziere hatte allmählich *jede* Grenze überstiegen; es ist beispielloses, was wir von den Gelagen reicherer Regimenter erfahren, und *wie* die Bürger von einzelnen Offizieren behandelt worden sind. Allein es stand auch in dem höheren Bürgerstande nicht besser als im Heere. Jene so wohlgemeinte

Kabinets-Ordre vom 23. November 1797, welche es so schmerzlich beklagt hatte, daß der Geist des Fleißes, der Treue und der Uneigennützigkeit im preußischen Beamtentume fast erloschen war, mußte am 26. Juli 1800 wiederholt werden, weil bis dahin von derselben ›nur erst eine geringe oder vielmehr fast gar keine Wirkung verspürt worden war!‹
Es sind bittere Wahrheiten, welche der berühmte Erlaß Beymes von letztgenanntem Tage der Beamtenwelt zu sagen weiß:
›Ein verderbte Geist ist unter den Räten der höheren und niederen Landeskollegien besonders in Berlin mit wenigen Ausnahmen herrschend: er äußert sich aber auch bei den Subalternen der Provinzen besonders durch Unwissenheit, Faulheit und Verkäuflichkeit. Diese Ausartung der jetzigen Generation erweckt die größten Besorgnisse für die Zukunft. Es sind die Konduiten-Listen[2] daher gewissenhafter zu führen und sorgfältiger von den Vorgesetzten zu beachten.‹
Noch entsittlichter aber scheint das Treiben in gewissen Klassen des *selbständigen* höheren Bürgerstandes gewesen zu sein, wenn wir einer gleichzeitigen Schilderung trauen dürfen. Es heißt in derselben:
›Es giebt hier eine Menge von Leuten aus dem Zivil- und Handelsstande, welche ein wahres Studium daraus gemacht haben, das Leben zu genießen. Des Morgens werden die Italiener besucht und die Delikatessen des Auslandes recht frisch verschlungen, wie die Jahreszeit sie bietet. Zu ihnen genießt man dann die feinsten Weine aus den heißen Zonen, um den Magen nur in Spannung zu erhalten. Des Mittags nimmt man ein üppiges Mahl bei einem französischen Koche ein, welcher jedem Gerichte eine solche Würze zu geben weiß, daß es nur eine Vorbereitung und Anspannung für das nächstfolgende ausmacht. Man verweilt dabei so lange, bis es Zeit ist, in das Schauspiel oder zu einer Spiel- und

2 Listen, die einen Vermerk über das persönliche und dienstliche Verhalten jedes Beamten einer Dienststelle enthielten (frz. conduite ›Betragen, Führung‹).

Theegesellschaft zu gehen. Im Theater und bei den Thees bestellt man dann eine Zusammenkunft mit verliebten Weibern, oder man spinnt neue Liebesintrigen an; beim Spiele setzt man den höchsten point aus, um sein Vermögen entweder zu verdoppeln oder zu verlieren.‹ Das Bild, welches an dieser Stelle dann von der Berliner Frauenwelt gezeichnet wird, kann von *uns* hier nur verhüllt werden. Auch die niederen Stände waren von dieser sittlichen Fäulnis vielfach angefressen; eine Katastrophe war daher wohl unabwendbar. [...]

Der Wohlstand schien, wenn man ihn äußerlich etwa *danach* beurteilte, wieviel für Luxus und Vergnügen verausgabt wurde, ein durchaus gefestigter zu sein. Daß er dies indessen *nicht* war, wurde nur allzubald auf das verhängnisvollste klar.

In gewaltigster Weise war inzwischen die Weltgeschichte ihren Gang gegangen, zermalmend *hier* und stürmisch Neues bildend *dort*. Die französische Revolution hatte in einem Kaisertume der Franzosen ihren Abschluß gefunden, und Napoleon hatte bereits sehr deutlich gezeigt, daß er den Weltteil nach *seiner* Willkür umgestalten wolle. Friedrich Wilhelm war trotzdem entschlossen, neutral zu verbleiben. Erst die Gefangennahme des Herzogs von Enghien und die Erschießung desselben zu Vincennes brachte den König heftiger gegen den korsischen Gewalthaber auf.–

Wie aber lagen die Dinge, – wie war die Stimmung zu Berlin?

Schon seit 1804 standen sich hier eine ausgesprochen franzosenfreundliche und eine franzosenfeindliche Partei gegenüber: an der Spitze jener befanden sich der Minister Graf von Haugwitz, an der Spitze dieser der Prinz Ludwig Ferdinand. Die letztere, die Kriegspartei, schien ein entschiedenes Übergewicht erhalten zu haben, als Hardenberg am 13. August 1804 das Ministerium des Äußern übernahm, und bald darauf der Reichsfreiherr von und zum Stein zum Nachfolger des erkrankten Ministers von Struensee im Accise-, Zoll-, Fabriken- und Kommerzial-Departement berufen wurde. Von den besonderen Verdiensten des großen Freiherrn um Berlin, welche die Aufstellung seines gebietenden Erzbildes in unserer Mitte als eine That wohlverdienten Dankes rechtfertigen, erwähnen wir hier zunächst nur die Umgestaltung der Bank, welche durchgeführt wurde, um auch die kleinere Industrie und den kleineren Handel zu befördern. Für dieses Institut wurde der berühmte Staatsmann Niebuhr aus Kopenhagen als Direktor nach Berlin berufen. Wir erwähnen ferner die Reorganisation der Seehandlung, deren einseitige Richtung jetzt vielfach ergänzt wurde, und endlich die Errichtung des allgemeinen statistischen Bureaus zur Förderung des Studiums der Volkswirtschaft. Stein sah den Krieg mit Bestimmtheit voraus; ja er *wünschte* ihn, so lange Preußen noch Verbündete zu finden vermöchte; Friedrich Wilhelm verstattete der Kriegspartei indes erst *dann* Gehör, als Bernadotte die Neutralität Preußens im Oktober 1805 durch die Überschreitung des ansbachischen Gebietes auf das Schnödeste verletzt hatte.

Jetzt eilte der Kaiser Alexander von Rußland nach Berlin. Er traf am 25. Oktober 1805 hier ein; ihm folgte dann der Erzherzog Anton von Österreich. Am 3. November kam die ›Konvention zu Potsdam‹ zustande, welche Friedrich Wilhelm verpflichtete, als bewaffneter Vermittler zwischen Frankreich und den Verbündeten zu verhandeln und, falls diese bewaffnete Vermittelung bis zum 15. Dezember Napoleon nicht veranlaßt hätte, Deutschland, Holland und die Schweiz zu räumen, auch seinerseits den Krieg an Frankreich zu erklären.

Es war am 4. November abends. Der König und die Königin saßen mit ihrem hohen Gaste im Schlosse zu Potsdam bei der Tafel. Kaiser Alexander äußerte, wie leid es ihm thue, Potsdam verlassen zu müssen, ohne den Manen Friedrichs des Großen seine Ehrfurcht bezeugt und die Gruft des Königs gesehen zu haben. ›Dazu ist auch jetzt noch Zeit‹, erwiderte Friedrich Wilhelm; er erteilte zugleich den Befehl, die Gruft Friedrichs des Großen zu erleuchten. Nach 11 Uhr erhoben sich Alexander, Friedrich Wilhelm und Luise von der Tafel; um ein halb ein Uhr begaben sie sich in die durch Wachskerzen erhellte Garnisonkirche. ›Überwältigt von seinen Empfindungen neigte Alexander seine Lippen auf Friedrichs Sarg, küßte denselben und reichte dann über ihn hin Friedrich Wilhelm und der Königin die Hand. Er gelobte dem königlichen Hause der Hohenzollern ewige Freundschaft und schwur mit Friedrich Wilhelm zugleich den Eid, Deutschland vom Joche Frankreichs zu befreien.‹

Jetzt atmete die Kriegspartei in Berlin auf. Adami, der Biograph Luisens, hat indessen nachgewiesen, daß es keineswegs die Königin gewesen ist, welche das Feuer des Hasses gegen Napoleon *vorzugsweise* geschürt hat. Es ist vielmehr die Schwester des Prinzen Louis Ferdinand, die an den Fürsten Radziwill vermählte Prinzessin Louise, gewesen, ›welche mit ihren Anhängerinnen der Stachelreden des verachtenden Witzes der höhnischen Anekdoten über den barschen Emporkömmling in Frankreich nicht genug zu verbreiten wußte.‹

Die diplomatischen Verhandlungen gingen inzwischen ihren schleppenden Gang; zu einem entschiedenen Handeln war der König leider noch immer nicht zu bewegen. Die Schlacht von Austerlitz am 2. Dezember 1805 vernichtete unterdessen jeden Erfolg seiner Vermittelungsbemühungen schon im Keime. Haugwitz mußte an eben jenem 15. Dezember 1805, welcher die Entscheidung über das kriegerische Einschreiten Preußens mit sich bringen sollte, den Vertrag von Schönbrunn abschließen, welcher den König zu dem engsten Bündnisse mit Frankreich verpflichtete und durch den Austausch von Ansbach, Neufchâtel und Wesel gegen Hannover einen Krieg Preußens und Englands heraufbeschwor. Es blieb dem Monarchen nun keine Wahl mehr, – so heftig er sich sträubte: er mußte den ›gefährlichen‹ Vertrag am 15. Februar 1806 unterzeichnen.

Zu Berlin herrschte innerhalb der Kriegspartei jetzt natürlich die tiefste Entmutigung. Am 12. Juli 1806 wurde der Rheinbund geschlossen. Jetzt legte auch Kaiser Franz II. die

Würde eines römischen Kaisers deutscher Nation nieder! – *das alte Reich war schmachvoll zerfallen.* – ›Weinend verbarg die Muse der vaterländischen Geschichte ihr Antlitz.‹«

Oskar Schwebel: Geschichte der Stadt Berlin. Bd. 2. Berlin: Brachvogel & Ranft, 1888. S. 433, 425 ff. und 434 f.

Aus »Zwanzig Jahre Preußischer Geschichte« von K. A. Menzel:

»An die Stelle des durch Kränklichkeit dienstunfähig gewordenen Menken wurde im Jahre 1800 ein Kammergerichtsrath Beyme, ein tüchtiger Jurist, zum Kabinetsrath für den Vortrag der innern Verwaltungssachen ernannt. Auf Anrathen und aus der Feder desselben erging unter dem 26. Juli 1800 aus Charlottenburg ein königlicher Erlaß an das gesammte Staatsministerium, welcher die eigenhändige, vom Könige bei seinem Regierungsantritte niedergeschriebene und durch die Edictensammlung veröffentlichte Ordre vom 23. November 1797 wider die unter den Beamten herrschenden Mißbräuche und Dienstversäumnisse in Erinnerung brachte und mit neuen Rügen verschärfte. ›Seine Majestät habe in jener Ordre zu erkennen gegeben, wie nothwendig es sei, den fast erstorbenen Geist der Treue, der Uneigennützigkeit, des Fleißes und der Ordnung, wodurch der preußische Civildienst sich ehemals so musterhaft ausgezeichnet habe, durch angemessene, allenfalls strenge Maaßregeln wieder zu beleben, zu dem Ende verdiente Offizianten aufzumuntern, solche, die ohne ihr Verschulden dienstuntauglich geworden, mit Pension zu entlassen, unbrauchbare, untreue, oder nachlässige und nicht zu bessernde aber zur Remotion[3] und nach Befinden der Umstände zur Bestrafung anzuzeigen; bis jetzt aber sei hiervon nur eine sehr geringe oder fast gar keine Wirkung bemerkt worden. Nur einige Departements haben die so nothwendige Reform mit einigem Ernste begonnen; in den meisten lasse man den Offizianten nach wie vor die Zügel schießen. Fast allgemein

3 Entfernung, Absetzung.

betrachte man die Stellen nur als Pfründen, deren Inhaber gerade so viel thun müsse, als erforderlich sei, um das Gehalt zu erheben und mit möglichster Bequemlichkeit zu genießen. Wer einige Jahre auf solche Art gedient habe, begehre gleich für seine eingebildeten Verdienste ansehnliche Beförderungen, Titel und Gehaltsverbesserungen, und finde sich gekränkt, wenn sie ihm nicht auf der Stelle bewilligt werden. Jedes nicht alltägliche Geschäft solle besonders bezahlt werden, oder man finde keinen Beruf dazu. Wenn die Geschäfte bei einer Stelle sich vermindern, so werde Niemand daran denken, das damit verbundene Gehalt oder Einkommen sich kürzen zu lassen; aber keine unbedeutende Vermehrung dürfe ohne Gehaltszulage entstehen. Dieser verderbte Geist sei unter den Räthen der höhern und niedern Landescollegien, besonders in Berlin, mit Ausnahme einiger wenigen, herrschend, und habe sich von ihnen aus in die Provinzen und besonders auf die Subalternen verbreitet, wo er sich noch in weit verderblicheren Folgen, besonders durch Unwissenheit, Faulheit und Verkäuflichkeit äußere. Überall, wo der König auf seinen Reisen durch seine Staaten hingekommen sei, werde hierüber von allen Seiten laut und einstimmig geklagt. Da er auf diesen Reisen es sich besonders angelegen sein lasse, durch Verdienste und Geschicklichkeiten sich auszeichnende Beamten kennen zu lernen, so habe er selbst die traurige Erfahrung gemacht, wie wenige dergleichen anzutreffen. Auch durch häufig eingehende Beschwerden der Unterthanen, die der König nicht selten durch unmittelbare Einforderung der Acten selbst prüfe, werde diese Erfahrung bestätigt; die Chefs der verschiedenen Departements seien bei ihren Vorschlägen zu wichtigeren Stellen, in Ermangelung vollkommen brauchbarer Subjecte, häufig in dem Falle, sehr mittelmäßige vorschlagen zu müssen. Diese Ausartung der jetzigen Generation erwecke die größten Besorgnisse für die Zukunft. Seine Majestät erachte es deshalb für die erste Pflicht gegen den Staat, die frühere Ordre sämmtlichen Departementschefs von Neuem einzuschärfen und auf deren genaue Beobachtung zu dringen, Mitleiden mit unwürdigen Subjecten wirke höchst verderblich; die Besorgniß, daß die öffentliche Stimme ein pflichtmäßig strenges Verfahren als Gewaltthätigkeit tadeln werde, dürfe nicht weiter gehen, als daß man die Gründe eines solchen Verfahrens gewissenhaft prüfe; wenn aber diese Gründe wirklich bewährt gefunden werden, so müsse man die Zustimmung seines Gewissens über das Urtheil des sogenannten Publikums, welches gemeiniglich nur in einer geringen Anzahl dabei interessirter Personen bestehe, sich erheben lassen und die erkannte Pflicht ohne alle weitere Rücksicht ausüben. Der König habe zu sämmtlichen Departementschefs das Vertrauen, daß ein jeder in seinem Departement die rechten Mittel anzuwenden wissen werde, um das davon abhangende Dienstpersonal zu seiner Schuldigkeit zurückzuführen, und wolle sich auch deswegen nicht in ein vollständiges Detail einlassen; im Allgemeinen aber wolle er bemerken, daß die fast ganz außer Acht gekommenen Visitationen, besonders der Unterbehörden, öfter, unvermutheter, gründlicher und mit weniger Zeitverschwendung in Ansehung unwesentlicher Dinge verfügt werden müssen, und daß die Conduitenlisten gewissenhafter zu führen und sorgfältiger, als bisher geschehen, von den vorgesetzten Behörden zu beachten seien. Der König wolle künftig auf Beides sehr aufmerksam sein und befehle zu diesem Ende, ihm mit jedem Jahresschlusse die Listen von jedem Departement und den untergeordneten Landescollegien unmittelbar einzureichen und dabei anzuzeigen, welche Unterbehörden, auch von wem sie visitirt und was dabei zu bemerken gefunden worden. Aus diesen Listen und Anzeigen werde Seine Majestät Veranlassung nehmen, besondere Nachforschungen zu verfügen, um sich von dem Grunde zu überzeugen und diejenigen Vorgesetzten dafür verantwortlich zu machen, die bei der Anfertigung nicht aufrichtig oder aufmerksam genug zu Werke gegangen.«

K. A. Menzel: Zwanzig Jahre Preußischer Geschichte. 1786 bis 1806. Berlin: Duncker & Humblot, 1849. S. 544ff.

Aus »Berlin im neunzehnten Jahrhundert« von Adolph Streckfuß:

»Der Staat Friedrich's des Großen war durch die Günstling- und Maitressen-Wirthschaft unter Friedrich Wilhelm II. tief zerrüttet, das Finanzwesen war in Unordnung, der Schatz, den Friedrich der Große vorsorglich gesammelt hatte, längst durch das Heer der Günstlinge verschleudert und verpraßt. Ein schwerer Krieg stand vor der Thür, Preußen mußte, dies war allen einsichtsvollen Politikern klar, früher oder später gezwungen werden, theilzunehmen an den furchtbaren Kämpfen, welche die französische Revolution heraufbeschworen hatte. Die weit ausgedehnten zerstreuten Provinzen waren ja dem Angriffe jedes mächtigen, kriegslustigen Nachbars fast schutzlos preisgegeben. Zum Kriege aber fehlte nicht nur das Geld, es fehlte auch das Heer.
Die Söldlinge, welche damals die preußische Armee bildeten, konnten nur durch die strengsten Strafen, durch Spießruthenlaufen und andere körperliche Züchtigungen in Disciplin erhalten werden, sie desertirten, wo sie es irgend konnten.
Nicht besser als die Soldaten waren die Offiziere, die Sprossen des entarteten Adels. Erfüllt von einem dünkelhaften Stolz, der sie mit Verachtung herabsehen ließ auf jeden Bürger, machten sie ihrem Berufe Schande; es fehlte ihnen der kriegerische Geist gänzlich. Im kleinlichsten, elendesten Gamaschendienst suchten sie das Wesen des Soldatenstandes. Nur durch Stock und Fuchtel glaubten sie die Subordination, die ihnen selbst fehlte, bei den Gemeinen aufrecht erhalten zu können. Die höheren Offiziere betrachteten ihre Compagnieen und Regimenter als ein Mittel, reich zu werden, sie füllten ihre Kassen ohne Rücksicht darauf, ob das Heer darunter litt. Die Subalternen betrachteten den Dienst als Nebensache, sie überließen sich einem Leben der wildesten Ausschweifungen.
Nicht weniger traurig war es mit den Civil-Behörden bestellt. Die Beamten hatten meist durch Begünstigungen,

welche sie zum Theil den niederträchtigsten Liebesdiensten, zum Theil der Bestechung verdankten, ihre Stellen erhalten, sie nutzten diese nun aus zu ihrem persönlichen Vortheil.
[...]
So war das Beamtenheer und es konnte nicht anders sein, denn es war ja hervorgegangen aus einem entarteten Adel und einem nicht minder entarteten Volke. In einem Staatswesen, welches in allen seinen einzelnen Theilen verrottet war, in dem die innere Fäulniß täglich weiter fraß, sollte der junge König ein neues Leben schaffen. War er seinem Charakter, seiner ganzen geistigen Befähigung nach dazu im Stande?
Friedrich Wilhelm III. war beseelt von einem hohen Pflichtgefühl; Niemand erkannte die Krebsschäden, an denen die gesammte Staatsverwaltung litt, klarer als er, Niemand war mehr vom dem Wunsche erfüllt, sie zu heilen, Niemand aber vielleicht auch weniger befähigt dazu. Die strenge Gewissenhaftigkeit, die Einfachheit und Anspruchslosigkeit, die herzliche Gutmüthigkeit, die Sittenstrenge und wahre Frömmigkeit, durch welche der junge König sich auszeichnete, waren gewiß anerkennungswerthe treffliche Eigenschaften, sie hätten jedem Privatmann die höchste Achtung erwerben müssen und in ruhiger Zeit würden sie bei dem klaren, gesunden Verstand, mit dem Friedrich Wilhelm begabt war, ihn sicherlich auch befähigt haben, die Regierung auf das Tüchtigste zu führen. Aber sie genügten für den Regenerator einer Nation nicht.
Dem Könige fehlte das kühne Selbstbewußtsein, welches zur kräftigen Initiative treibt, der scharfe, Alles durchdringende Geist, der stets zur rechten Zeit die rechten Mittel findet, die unbeugsame, rücksichtslose Energie, welche sich nicht durch Hindernisse im gewaltigen Fortschritt beirren läßt. Seine Bescheidenheit, eine treffliche Eigenschaft bei einem Privatmanne, eine höchst gefährliche bei einem Könige, ließ ihn stets an seinem eigenen Urtheil zweifeln, sie machte ihn Rathgebern, und zwar oft schlechten Rathgebern, zugänglich. Seine Gutmüthigkeit und Treue fesselten

ihn an die Diener, welche es verstanden, sich seine Liebe zu erwerben, und gewährten diesen einen oft nachtheiligen Einfluß. Seine Abneigung gegen jede Genialität erfüllte ihn mit einem unbewußten Vorurtheil gegen bedeutende, geistig über ihm stehende Männer; diesen begegnete er leicht mit Mißtrauen, während er ebenso leicht Vertrauen faßte zu unbedeutenderen, denen er sich gewachsen fühlte, die er zu durchschauen vermochte.

Der Mangel an Selbstbewußtsein machte es ihm schwer, einen Entschluß zu fassen oder den endlich gefaßten energisch zur Ausführung zu bringen; gerade im entscheidenden Augenblick zögerte er deshalb oft, und obgleich es ihm an einem gewissen Eigensinn, der sich oft nachtheilig geltend machte, nicht fehlte, verfiel er doch in den schwersten Zeiten in ein unsicheres Schwanken, weil er weder sich selbst noch seinen Rathgebern völlig traute. Alle durchgreifenden Maßregeln waren ihm zuwider, er liebte es, an das Alte anzuknüpfen, das Fehlerhafte zu verbessern, er wollte reformiren, nicht umstürzen. Und doch fügte es ein höchst seltsames Geschick, daß gerade er ausersehen war, durch die kühnsten, revolutionärsten Schritte, welche die Macht der Verhältnisse gegen seinen Willen ihm abdrang, der Schöpfer einer neuen Ära, der Gründer eines neuen Staats zu werden.

Er, der die Genialität haßte, mußte dem genialsten Staatsmanne unseres Jahrhunderts, dem Freiherrn von Stein, die Umwälzung aller bestehenden Verhältnisse übertragen; er, der so gern eine milde Reform in's Leben gerufen hätte, mußte sich selbst an die Spitze einer Revolution stellen, einer Revolution im innern Staatsleben, durch welche die Macht des Adels gebrochen, die Selbstständigkeit der Städte hergestellt, die Leibeigenschaft der Bauern aufgehoben, Gewerbe und Handel von den Fesseln des Zunftwesens und der Accise befreit wurde, einer Revolution auch gegen den äußeren Feind, den mächtigsten Unterdrücker deutscher Freiheit, gegen Napoleon!«

Adolph Streckfuß: Berlin im neunzehnten Jahrhundert. Bd. 1. Berlin: Seidel, 1867. S. 122 ff.

Aus »Berlin im Wandel der Jahrhunderte« von Mario Krammer:

»Man braucht den Einfluß der Regenten auf ihre Zeit nicht zu überschätzen, aber man darf doch sagen, daß das Jahr 1786, in dem Friedrich II. in Sanssouci seine Augen schloß, einen Wendepunkt in der Geschichte Berlins bedeutet. Nach einem Gesetz der Entwicklung pflegt auf eine Periode, in der sich eine bestimmte Seite des menschlichen Wesens mit betonter Einseitigkeit herausgestellt hat, eine andere zu folgen, die nun in ihrem Gesamtgeist eine entgegengesetzte Richtung verfolgt. Es ist dann eben eine jüngere Generation herangewachsen, die den naturgemäßen Widerspruch gegenüber den Älteren zum Ausdruck bringt und in der etwas von der Art der Großväter wieder auflebt.
Beinahe fünfzig Jahre lang war von Berlin aus der Ruhm der Vernunft in die Welt gegangen. Jetzt schlug die Stimmung um. Man verlangte danach, wieder im alten Sinne gläubig zu sein, Wunder zu schauen, die Geheimnisse des unbewußten Lebens in der Natur und der Seele zu erfahren. Man war empfindsam und sentimental. Gegen Voltaire hatte Rousseau an Stelle des Denkens und der Bildung das Gefühl und die Liebe, den Glauben und das Ahnen auf den Thron gehoben. In Herders Schriften kam das Naturhafte des Volkes und der Geschichte, die Tiefe, Schönheit und Schöpferkraft primitiver Kulturen zum Durchbruch. Der junge Goethe lernte, die raunenden Stimmen der Seele über die Regeln der Vernunft und Moral zu stellen. [...]
Wenn es eins gegeben hat, was Friedrich II. nie begehrt hat, so war es das Idyll der Familie. Fast fünfzig Jahre lang hat die Frau im Leben Berlins keine Rolle gespielt. Die Tafelrunde von Sanssouci umschloß ebenso wie vorher das Tabakskollegium eine ausschließlich männliche, mal feinere, mal derbere Welt. Es kennzeichnet den Wandel der Zeiten, wenn seit 1786 die Frau wieder stärker hervortritt. Mit ihr beginnt die große Zeit der literarischen Salons. Die Tage der Königin Sophie Charlotte schienen wiedergekehrt zu sein, wenn es jetzt auch keine Fürstin gewesen ist, die vom Hof

aus das geistige Gespräch in Berlin erneuert hat. Denn der König, Friedrich Wilhelm II., in seiner Erscheinung äußerlich ein Grandseigneur, innerlich ein armer Sünder vor Gott und ein schlechter Regent vor dem Urteil der Geschichte, war nicht nur zweimal kinderreich verheiratet, sondern hatte auch eine Freundin, die Tochter eines Potsdamer Militärmusikers, Wilhelmine Encke, spätere Gräfin Lichtenau, von deren Schönheit eine Büste Schadows und ein begeistertes Wort der Rahel Varnhagen zeugen. Sie war sozusagen ›sein Geschöpf‹, er selber hatte sich ihrer höheren Ausbildung angenommen. In ihm war das Verlangen nach Frauenfreundschaft und zwanglos familiärem Verkehr. Die Kinder seiner Freundin liebte er zärtlich, und aus dem schönen Denkmal, das Schadow für seinen Sohn, den jungen Grafen von der Mark in der Neustädtischen Kirche geschaffen hat, spricht uns echte menschliche Trauer an. Neben der Encke – die erst sein Tod von ihm schied – und der Gemahlin, ist er noch zweimal linkshändig verheiratet gewesen. Aus der Art Friedrich Wilhelms spricht die Müdigkeit des sterbenden Rokoko. Man war es satt, wie ein Halbgott über ›Sklaven‹ zu herrschen. Der König trat aus seiner einsamen Hoheit heraus und wollte nur Mensch sein. Die bürgerlich-humane Kultur der Zeit nahm ihn gefangen.

Um die kunstverständige und bildungseifrige Lichtenau sammelte sich einer der ersten Berliner ›Salons‹. Hier mag es mitunter etwas freier hergegangen sein. Nach Jahrzehnten der Spannung und Sammlung war in Berlin das Verlangen nach Lockerung und Lässigkeit übermächtig geworden. In diese Stadt, die bis zum Zusammenbruch von 1806 immer reicher und üppiger wurde, zog die weiche Luft der Mystik und Erotik ein. Von der Lichtenau zur ›Lucinde‹, zu Friedrich Schlegels Roman, einer poetischen Verherrlichung der freien Liebe, den er in den Jahren 1798 bis 1799 in der Charité, als Gast und Freund des jungen Anstaltsgeistlichen Friedrich Schleiermacher, geschrieben hat, ist der Weg nicht allzu weit. Das Urbild dieser Frau war eine Berlinerin, Dorothea Veit, Moses Mendelssohns geistvolle Tochter. In die nüchterne und

aufgeklärte, die wirtschaftliche und politische Wirklichkeit der Stadt kam ein phantastisches Licht, in dem die erregten Sinne, nicht nur des Königs, Gespenster und Dämonen aufsteigen sahen, so daß sich jene Stimmung vorbereitete, aus der hernach E. T. A. Hoffmanns Visionen aufgestiegen sind.
Durch den Einfluß der Salons und der Poesie, der freien Wissenschaft, des Theaters, der Musik und der bildenden Künste wurde die unliterarische Starrheit des alten Obrigkeitsstaates gelockert. Zum Leben einer großen Stadt gehört die Pflege einer anregenden Geselligkeit, die die Menschen der verschiedenen Stände, Stämme und Berufe einander nahebringt, wo man das Neueste erfährt, wo man eintaucht in jene ebenso kritische wie schöpferische Atmosphäre, aus der im Laufe einer lebendigen Unterhaltung vorwärtsweisende Gedanken aufsteigen. [...]
Es war eine Schar feuriger, junger Menschen, die siegesgewiß gegen das Alte anstürmten. Berlin blieb ein Hauptquartier der Bewegung. Die Jungen wollten Staat und Gesellschaft mit Poesie durchdringen. Deshalb war der Salon, der nun seine Pforten öffnete, die ihnen gemäßeste Lebensform, eine höhere, dem Alltag entrückte Welt von Prinzen, Aristokraten, geistvollen Frauen, Künstlern, Dichtern und Gelehrten. Seltsam hob sich das glänzende geistige Spiel dieser jungen Genies ab von dem dunkleren Grunde des alten bürgerlichen Berlin, dessen aufgeklärte Spießer zu necken und zu erschrecken, anzugreifen und zu verhöhnen auch das beliebte Thema dieser satirischen Geister, so E. T. A. Hoffmanns und Clemens Brentanos, gewesen ist.
Als ein Stoß von außen im Jahre 1806 genügt hatte, das Räderwerk des Staates zu zerbrechen, sind es die Führer der Romantik und ihnen nahestehende Politiker wie Stein, Arndt und Gneisenau gewesen, die das Land wieder aufgebaut haben, weil sie ins unbekannte Reich der Geschichte eingewandert waren und aus verwandter, jugendfrischer Seele das Vergangene als gegenwärtig empfanden.«

Mario Krammer: Berlin im Wandel der Jahrhunderte. Berlin: Rembrandt-Verlag, 1956. S. 97 ff.

V. Literaturhinweise

Die Literatur, aus der zitiert wurde, ist vollständig angegeben, während alle anderen Titel eine Auswahl darstellen. Sie bezeichnen die wichtigsten Ausgaben der Erzählung (1; s. auch den Artikel »Theodor Fontane« im »Handbuch der Editionen«, Abschnitt 4 dieser Literaturhinweise) und sollen sowohl der weiterführenden Beschäftigung mit »Schach von Wuthenow« (2) als auch einer Einführung in das Leben und Werk Fontanes (3) sowie der Erschließung der bisherigen umfangreichen Fontane-Literatur dienen (4). Ein letzter Abschnitt führt Literatur zu Kap. IV an.

1. Ausgaben und Übersetzungen

Schach von Wuthenow. In: Vossische Zeitung vom 29.7. bis 20.8.1882. [Vorabdruck.]

Schach von Wuthenow. Leipzig: Friedrich, 1883. [Erstausgabe.]

Sämtliche Werke. Bd.2. Hrsg. von Edgar Groß. München: Nymphenburger Verlagshandlung, 1959.

Schach von Wuthenow. Nachw. von Walter Keitel. Stuttgart: Reclam, 1961 u. ö. (Universal-Bibliothek. Nr. 7688 [2].)

Intrighi e amori prussiani (Grete Minde, Schach di Wuthenow, Stine). Tr. M. T. Mandalari, Del Duca. Mailand 1963.

Theodor Fontane: Schach von Wuthenow. [Text, Dokumentation, hrsg. von Pierre-Paul Sagave.] Frankfurt a. M.: Ullstein, 1966. [Zit. als: Sagave.]

Werke, Schriften und Briefe. Abt. 1. Bd. 1. Hrsg. von Walter Keitel und Helmuth Nürnberger. München: Hanser, [2]1970.

Šax fon Vuteno. Puti-pereput'ja. Gospoža Ženni Treibel. [Schach von Wuthenow. Irrungen Wirrungen. Frau Jenny Treibel.] Nachw. von I. Fradkin. Komment. von N. Bernovskaja. Moskau: Verlag ›Chudožestvennaja literatura‹, 1971.

Efê Brist. Šachas fon Vutehovas. [Effi Briest. Schach von Wuthenow.] Aus dem Deutschen ins Litauische übers. von Eugenija Vengriene. Vilnius: »Vaga«, 1971.

Schach von Wuthenow. (Übers. von Cho Ogawa.) Frau Jenny Treibel. (Übers. von Hirotoshi Fukuda.) Effi Briest. (Übers. von Hikaru Tsuji.) Ill. von Uta Steffen und Max Liebermann. Tokio: Chuokoronsha, 1972. (Neue Sammlung der Weltliteratur. 12.)

Romane und Erzählungen. Bd. 3. Hrsg. von Anita Golz und Gotthard Erler. Berlin: Aufbau-Verlag, [2]1973.

Toužení soužení (Irrungen Wirrungen). Schach von Wuthenow. Přiběh z doby gendarmského pluku. Translat. Kamila Jiroudková. [Prag:] Svoboda, 1974.

A man of honor (Schach von Wuthenow). Translat., with introduction and notes, by E. M. Valk. New York: Frederick Ungar Publishing, 1975.

Schach z Wuthenow. Przełożyła Teresa Jetkiewicz, wstepem opatrył Marek Eydmuch. (Warschau:) »Czytelnik«, 1978.

Schach von Wuthenow. Een verhaal uit de tijd van het regiment Gendarmes. [Schach von Wuthenow. Erzählung aus der Zeit der Regiments Gendarmes.] Spectrum [1979?]. (Prisma klassieken. Nr. 29.)

2. *Literatur zu »Schach von Wuthenow«*

a. Literatur zur Erzählung

Aust, Hugo: Schach von Wuthenow. In: H. A.: Theodor Fontane: ›Verklärung‹. Bonn 1974. S. 125–160.

Berend, Eduard: Die historische Grundlage von Theodor Fontanes Erzählung ›Schach von Wuthenow‹. In: Deutsche Rundschau 200 (1924) S. 168–182.

Berend, Eduard: Zur Entstehungsgeschichte von Th. Fontanes ›Schach von Wuthenow‹. In: Jahrbuch Willibald-Alexis-Bund. 1928. S. 46–50.

Bosshart, Adelheid: ›Schach von Wuthenow‹. Kunstbewußtheit und Seelenspiegelung. In: A. B.: Theodor Fontanes historische Romane. Winterthur 1957. S. 66–91.

Coumont, Sigrid: Raum- und Zeitgestaltung in Fontanes Werken ›Schach von Wuthenow‹ und ›Die Poggenpuhls‹. Leipzig 1977. Dipl.-Arbeit an der Päd. Hochschule ›Clara Zetkin‹, Sektion Philologie. [Masch.]

Demetz, Peter: Übergang: ›Schach von Wuthenow‹. In: P. D.: Formen des Realismus: Theodor Fontane. München 1964. S. 153–164.

Elmendorf, A. Edward: The Historical Novel and Prussian History. A Study of Theodor Fontane's ›Vor dem Sturm‹ and ›Schach von Wuthenow‹. B. A.-Essay Yale University 1961. [Masch.]

Engel, Eduard [Rez.]: »Schach von Wuthenow«. In: Das Magazin für die Literatur des In- und Auslandes 51 (1882) S. 720–722.

Ester, Hans: Chroniquer van een tijdperk (»Schach von Wuthenow«). In: Cultureel supplement NRC Handelsblad (Rotterdam). 15. 4. 1977.

Friedmann, Alfred [Rez.]: Deutsche Erzählungskünstler. In: Blätter für literarische Unterhaltung 1883 (I) S. 697.

Fujita, Masaru: Fontanes ›Schach von Wuthenow‹. Historische Grundlage und Problematik des ›Schach-Falls‹. In: Kiyo. [Phil. Fakultät] Universität Yamagata. Vol. 6. Nr. 1. [Japanisch.]

Grawe, Christian: Wuthenow oder Venedig – Analyse von Schachs Reisefantasie im Fontaneschen Kontext. In: Wirkendes Wort 30 (1980) H. 4. S. 258–267.

Ihlenfeld, Kurt: Dichter, Offiziere und Martin Luther. Theodor Fontane und seine Lutherkarikatur. In: Der Evangelische Bund. Bensheim 1971. Nr. 4. S. 8.

J. [d. i. Wilhelm Jensch, Rez.]: Th. Fontane: Schach von Wuthenow. In: Magdeburgische Zeitung. Nr. 573. 7. 12. 1882.

Kahrmann, Cordula: ›L'Adultera‹ und ›Schach von Wuthenow‹. In: C. K.: Idyll im Roman. Theodor Fontane. München 1973. S. 103–116.

Kaiser, Gerhard: ›Schach von Wuthenow‹ oder die Weihe der Kraft. In: Jahrbuch der Deutschen Schillergesellschaft 22 (1978) S. 474–495.

Kletke, H[ermann, Rez.]. In: Vossische Zeitung. Sonntagsbeilage Nr. 51. 17. 12. 1882.

Kraft, Klaus: Wie spiegeln sich die brandenburgisch-preußischen Menschen in Fontanes ›Schach von Wuthenow‹ wider? In: Märkische Zeitung (Kiel). 1. 5. 1968.

Kuczynski, Jürgen: ›Schach von Wuthenow‹ und die Wandlung der deutschen Gesellschaft um die Wende der siebziger Jahre. In: Neue deutsche Literatur 2 (1954) S. 99–110.

Kühn, Joachim: Die schöne Frau von Crayen und die Ihren. Ein Nachwort zu Fontanes ›Schach von Wuthenow‹. In: Der Bär von Berlin. Jahrbuch 1972. S. 89–108.

K. W. [Rez.]: Schöne Litteratur. In: Deutsche Litteraturzeitung 4 [1883] Sp. 30f.

Lange, I. M.: Georg Heinrich von Berenhorst und Dietrich Heinrich von Bülow – Paralipomena zu Fontanes ›Schach von Wuthenow‹. In: Fontane-Blätter 2 (1971) S. 252–259.

Liesenhoff, Carin: Gesellschaftskritik in polyperspektivischer Brechung: ›Schach von Wuthenow. Erzählung aus der Zeit des Regiments Gensdarmes‹. In: C. L.: Fontane und das literarische Leben seiner Zeit. Bonn 1976. S. 97–102.

Lübke, W[ilhelm, Rez.]. In: Schwäbischer Merkur. Beilage ›Schwäbische Kronik‹. Nr. 296. 15. 12. 1882.

Ludewig, Maria: Fontanes ›Schach von Wuthenow‹. Zum Verhältnis von historischem Roman und Geschichtsschreibung. Zulassungsarbeit zur wissenschaftl. Prüfung für das Lehramt an Gymnasien. [Universität Heidelberg.] 1971. [Masch.]

Mětšk, Frido: Wo komentowanju połobskoslowjanskeje problematiki w spisach Th. Fontany. Něšte mysłow k nowemu litawskemu wudaću dweju Fontanoweju romanow. [Über die Kommentierung der elb- und ostseeslawischen Probleme in den Schriften Fontanes. Gedanken zur neuen litauischen Ausgabe der Romane ›Effi Briest‹ und ›Schach von Wuthenow‹.] In: Rozhlad Časopis za Serbsku Kulturu. Bautzen 1971, H. 12.

Milfull, John: ›Preußens Gloria‹? The old and new in Fontane's Schach von Wuthenow. In: Festschrift für Ralph Farrell. Bern 1977. S. 97–103.

Mittenzwei, Ingrid: Maskerade und Sprache des Herzens: ›Schach von Wuthenow‹. In: I. M.: Die Sprache als Thema. Untersuchungen zu Fontanes Gesellschaftsromanen. Bad Homburg v. d. H. 1970. S. 50–64.

Mugnolo, Domenico: ›Schach von Wuthenow‹: Storia di un ufficiale Prussiano. Estratto dagli Annali della Facoltà di Lingue e Letterature Straniere n. 6. anno 1975. Bari: Adriatica Editrice (1975). S. 83–106.

Müller-Seidel, Walter: Der Fall des Schach von Wuthenow. In: Theodor Fontanes Werk in unserer Zeit. Potsdam 1966. S. 53–66.

Müller-Seidel, Walter: Schach von Wuthenow. In: W. M.-S.: Theodor Fontane. Soziale Romankunst in Deutschland. Stuttgart 1975. S. 132–151.

O. K. [Rez.]: Schach von Wuthenow. In: Allgemeine Conservative Monatsschrift für das christliche Deutschland 41 (1884) S. 369.

Reuter, Hans-Heinrich: ›Die Weihe der Kraft‹. Ein Dialog zwischen Goethe und Zelter und seine Wiederaufnahme bei Fontane. In: Studien zur Goethezeit. Festschrift für Lieselotte Blumenthal. Weimar 1968. S. 357 bis 375.

Savagne, Pierre-Paul: Quellenfragen und geschichtlicher Hintergrund in Fontanes ›Schach von Wuthenow‹. Thèse complémentaire. Paris 1950. [Masch.]
Savagne, Pierre-Paul: Un roman Berlinois de Fontane: Schach von Wuthenow. In: P.-P. S.: Recherches sur le roman social en Allemagne. Aix-en-Provence 1960. S. 87–108.
Sagave, Pierre-Paul: ›Schach von Wuthenow‹ als politischer Roman. In: Fontanes Realismus. Berlin 1972. S. 87–94.
Schach v. Wuthenow. [Rez., anonym, d.i. Ludovica Hesekiel.] In: Neue Preußische Zeitung [»Kreuzzeitung«], Nr. 290. 10. 12. 1882. 1. Beilage. S. 2.
Schach von Wuthenow. Erzählung von Theodor Fontane. [Rez., anonym.] In: Die Gegenwart 12 (1883) S. 62.
Schach von Wuthenow von Theodor Fontane. [Rez., anonym.] In: Deutsche Rundschau 35 (1883) S. 478.
Schach von Wuthenow. [Rez., anonym.] In: Die Grenzboten 42 (1883) S. 318–320.
Schobeß, Joachim [Rez.]: Sagave, Pierre-Paul: Fontane, Schach von Wuthenow. Dichtung und Wirklichkeit. Deutung und Dokumentation. [...] In: Fontane Blätter 1,3 (1966) S. 102–106.
Theodor Fontane. Schach von Wuthenow. In: Studienmaterial zu Analysen von Werken der deutschen Literatur. Ausgearbeitet von einem Lektorenkollektiv unter Leitung von Jürgen Bonk. Berlin 1954. S. 101–113.
Theodor Fontane. Hrsg. von Richard Brinkmann in Zus.arbeit mit Waltraud Wiethölter. München 1973. (Dichter über ihre Dichtungen. 12,1.2.) [Zu »Schach von Wuthenow« 2, S. 291–319.]
Tippkötter, Horst: Theodor Fontanes Zeitromane im Kursunterricht der Sekundarstufe II. Ein Unterrichtsmodell für Grund- und Leistungskurse. In: Der Deutschunterricht (Stuttgart) 29 (1977) S. 39–58.
Vaget, H. Rudolf: Schach in Wuthenow: ›Psychographie‹ und ›Spiegelung‹ im 14. Kapitel von Fontanes ›Schach von Wuthenow‹. In: Monatshefte für deutschen Unterricht, deutsche Sprache und Literatur (Wisconsin) 61 (1969) S. 1–14.
Wandrey, Conrad: Schach von Wuthenow. In: C. W.: Theodor Fontane. München 1919. S. 155–168.
Wiese, Benno von: Theodor Fontane. Schach von Wuthenow. In: B. v. W.: Die deutsche Novelle von Goethe bis Kafka. Bd. 2. Düsseldorf 1962. S. 236–260.
Wruck, Peter: ›Schach von Wuthenow‹ und die ›preußische Legende‹. In: Frieden, Krieg, Militarismus im kritischen und sozialistischen Realismus. Berlin 1961. S. 55–83.
Wruck, Peter: Preußentum und Nationalschicksal bei Theodor Fontane. Zur Bedeutung von Traditionsbewußtsein und Zeitgeschichtsverständnis für Fontanes Erzählungen ›Vor dem Sturm‹ und ›Schach von Wuthenow‹. Phil. Diss. Humboldt-Universität Berlin 1967. [Masch.]

b. Literatur zur Verfilmung der Erzählung

Böhme, Irene: ›Schach von Wuthenow‹. Fernsehfilm nach der gleichnamigen Erzählung von Theodor Fontane. In: Sonntag (Berlin). 7. 8. 1977.

Engel, Richard: Schach von Wuthenow. Ein Fernsehfilm nach der gleichnamigen Erzählung von Theodor Fontane. Ein Film des Fernsehens der DDR. o. O. 1976 [Drehbuch.]

Geisthardt, Hans-Jürgen: Charaktere und ein Bild ihrer Zeit. Fontanes ›Schach von Wuthenow‹ im Fernsehen. In: Neues Deutschland. Berliner Ausg. 19. 7. 1977.

Hofmann, Heinz: Der wunderbaren Victoire Liebe und Leid. Theodor Fontanes ›Schach von Wuthenow‹ auf dem Bildschirm. In: National-Zeitung (Berlin). 19. 7. 1977.

Rupprecht, Eva: Gelungenes Zeitbild. Theodor Fontanes ›Schach von Wuthenow‹ auf dem Bildschirm. In: Bauernecho (Berlin). 21. 7. 1977.

Stefan, Anna: Schach von Wuthenow. Fontane-Erzählung für das Fernsehen der DDR verfilmt. In: Lausitzer Rundschau (Cottbus). 15. 7. 1977.

Wruck, Peter: Schach von Wuthenow. Eine Betrachtung zu einem Fernsehfilm nach der Erzählung von Theodor Fontane. In: FF Dabei. Programmillustrierte (Berlin). 4. 7. 1977. S. 42 f.

3. Allgemeine Fontane-Literatur

Attwood, Kenneth: Fontane und das Preußentum. Berlin 1970.

Berlin vor hundert Jahren. Ein Bilderalbum aus der Fontane-Zeit. Berlin 1975.

Brinkmann, Richard: Theodor Fontane. Über die Verbindlichkeit des Unverbindlichen. Tübingen [2]1977.

Fricke, Hermann: Theodor Fontane – Chronik seines Lebens. Berlin 1960.

Hayens, Kenneth: Theodor Fontane. A critical study. London 1920. [Zu »Schach von Wuthenow« S. 30–62.]

Jolles, Charlotte: Theodor Fontane. Stuttgart [2]1976. (Sammlung Metzler 114.)

Koch, Franz: Theodor Fontane. In: F. K.: Idee und Wirklichkeit. Bd. 2. Düsseldorf 1956. S. 374–440.

Krammer, Mario: Theodor Fontane. Berlin 1922.

Kunz, Josef: Theodor Fontane. In: J. K.: Die deutsche Novelle im 19. Jahrhundert. Berlin [2]1978. S. 171–180.

Lukács, Georg: Der alte Fontane. In: G. L.: Deutsche Realisten des 19. Jahrhunderts. Berlin 1951. S. 262–307. – Auch in: G. L.: Werke. Bd. 7: Deutsche Literatur in zwei Jahrhunderten. Neuwied/Berlin 1964. S. 452–498.

Martini, Fritz: Theodor Fontane. In: F. M.: Deutsche Literatur im bürgerlichen Realismus, 1848–1898. Stuttgart [3]1974. S. 737–800. [Zu ›Schach von Wuthenow‹ S. 765–767.]

Maync, Harry: Theodor Fontane, 1819–1919. Leipzig 1920.

Nürnberger, Helmuth: Der frühe Fontane. Hamburg 1967.

Nürnberger, Helmuth: Theodor Fontane in Selbstzeugnissen und Bilddokumenten. Reinbek 1975. (rowohlts monographien 145.)

Preisendanz, Wolfgang (Hrsg.): Theodor Fontane. Darmstadt 1973. (Wege der Forschung 381.)

Reuter, Hans-Heinrich: Fontane. 2 Bde. Berlin 1968.

Reuter, Hans-Heinrich: Theodor Fontane. Grundzüge und Materialien einer historischen Biographie. Leipzig 1969.

Roch, Herbert: Fontane, Berlin und das 19. Jahrhundert. Berlin 1962.
Scholz, Hans: Theodor Fontane. München 1978.
Servaes, Franz: Fontane. Blätter der Erinnerung. Dresden 1921.
Spiero, Heinrich: Fontane. Wittenberg 1928.
Uhlmann, A. M.: Theodor Fontane. Sein Leben in Bildern. Leipzig 1958.
Weber, Albrecht: Das Novellistische Theodor Fontanes. In: A. W.: Deutsche Novellen des Realismus. München 1975. S. 131–139. [Zu »Schach von Wuthenow« S. 133–138.]

4. Bibliographische Hilfsmittel, Forschungsberichte

Eyssen, Jürgen: Theodor Fontane. Eine Zusammenstellung der wichtigsten deutschsprachigen Literatur seit 1964. In: Buch und Bibliothek 24 (1972) S. 194–197.
Fiedler, Horst: Gestalter einer Epoche deutschen Lebens. Theodor Fontane in neuen Ausgaben. In: Der Bibliothekar 11 (1957) S. 254–266.
Fontane, Theodor (1819–1898). In: Handbuch der Editionen. München 1979. S. 151–157.
Fontane-Blätter. Potsdam. Bd. 1,1 ff., 1965 ff. [Mit laufender Ergänzung des Bestandsverzeichnisses von Joachim Schobeß.]
Herding, Gertrud: Theodor Fontane im Urteil der Presse. Phil. Diss. München 1945. [Masch.]
Jolles, Charlotte: Zu Fontanes literarischer Entwicklung. Bibliographische Übersicht über seine Beiträge in Zeitschriften, Almanachen, Kalendern und Zeitungen 1839–1858/59. In: Jahrbuch der Deutschen Schillergesellschaft 4 (1960) S. 400–424.
Koessler, E.: Essai d'une bibliographie des œuvres de Fontane. In: Revue germanique 6 (1910) S. 437–444.
Koester, Rudolf: Theodor Fontane Bibliography – A Supplement. In: The German Quarterly 41 (1968) S. 646–659.
Martini, Fritz: Deutsche Literatur in der Zeit des ›bürgerlichen Realismus‹. In: Deutsche Vierteljahrsschrift für Literaturwissenschaft und Geistesgeschichte 34 (1960) S. 581–666. [Zu Fontane S. 650–657.]
Remak, Henry: Theodor Fontane. Eine Rückschau anläßlich seines 50. Todestags. In: Monatshefte für deutschen Unterricht, deutsche Sprache und Literatur 42 (1950) S. 307–315.
Reuter, Hans-Heinrich: Entwurf eines kritischen Überblicks über den Stand und die Perspektiven der gegenwärtigen Fontane-Forschung anläßlich des Fontane-Symposions in Potsdam. In: Weimarer Beiträge 12 (1966) S. 674–699.
Schobeß, Joachim: Literatur von und über Fontane. Potsdam ^{2}1965.
Stuckert, Franz: Zur Dichtung des Realismus und des Jahrhundertendes. In: Deutsche Vierteljahrsschrift für Literaturwissenschaft und Geistesgeschichte 19 (1941) S. 79–136. [Referatenheft; zu Fontane S. 105–110.]
Theodor Fontane (1819–1898). In: Bibliographisches Handbuch der deutschen Literaturwissenschaft 1945–1972. Hrsg. von Clemens Köttelwesch. Frankfurt a. M. 1976. Sp. 61–90.

5. Literatur zur Diskussion

Berlin. Neun Kapitel seiner Geschichte. Berlin 1960.

Berlin im Jahre 1786. Leipzig 1886.

Berlin und die Provinz Brandenburg im 19. und 20. Jahrhundert. Hrsg. von Hans Herzfeld unter Mitwirkung von Gerd Heinrich. Berlin 1968.

Brunschwig, Henri: Gesellschaft und Romantik in Preußen im 18. Jahrhundert. Die Krise des preußischen Staates am Ende des 18. Jahrhunderts und die Entstehung der romantischen Mentalität. Frankfurt a. M. 1976.

Das war Preußen. Zeugnisse der Jahrhunderte. Eine Anthologie. Hrsg. von Hans-Joachim Schoeps. Berlin ³1968.

Die Städteordnung von 1808 und die Stadt Berlin. Hrsg. von Dr. [Paul] Clauswitz. Berlin 1908.

Eduard Vehses illustrierte Geschichte des preußischen Hofes, des Adels und der Diplomatie vom großen Kurfürsten bis zum Tode Kaiser Wilhelms I. 2 Bde. Stuttgart 1901.

Hürlimann, Martin: Berlin, Berichte und Bilder. Berlin 1934.

Krammer, Mario: Berlin im Wandel der Jahrhunderte. Berlin [1956].

Menzel, K[arl] A[dolph]: Zwanzig Jahre Preußischer Geschichte. 1786 bis 1806. Berlin 1849.

Ostwald, Hans: Kultur- und Sittengeschichte Berlins. Berlin [1924].

Pastor, Willy: Berlin, wie es war und wurde. Berlin [1900].

Rachel, Hugo: Das Berliner Wirtschaftsleben im Zeitalter des Frühkapitalismus. Berlin [1931].

Rave, Paul Ortwin: Berlin in der Geschichte seiner Bauten. München ³1976.

Schoeps, Hans-Joachim: Preußen. Bilder und Zeugnisse. Berlin (1967).

Schwebel, Oskar: Geschichte der Stadt Berlin. 2 Bde. Berlin 1888.

Stammliste aller Regimenter und Corps der Königlich-Preußischen Armee. Für das Jahr 1806. Berlin 1806.

Streckfuß, Adolph: Berlin im neunzehnten Jahrhundert. 3 Bde. Berlin [1867/68].

Erläuterungen und Dokumente

Eine Auswahl

---

zu Böll, *Ansichten eines Clowns.* 84 S. UB 8192

zu Büchner, *Dantons Tod.* 112 S. UB 8104 – *Lenz.* 173 S. UB 8180 – *Woyzeck.* 96 S. UB 8117

zu Droste-Hülshoff, *Die Judenbuche.* 87 S. UB 8145

zu Dürrenmatt, *Der Besuch der alten Dame.* 93 S. UB 8130 – *Die Physiker.* 243 S. UB 8189 – *Romulus der Große.* 96 S. UB 8173

zu Eichendorff, *Aus dem Leben eines Taugenichts.* 120 S. UB 8198

zu Fontane, *Effi Briest.* 168 S. UB 8119 – *Frau Jenny Treibel.* 111 S. UB 8132 – *Grete Minde.* 80 S. UB 8176 – *Irrungen, Wirrungen.* 148 S. UB 8146 – *Schach von Wuthenow.* 155 S. UB 8152 – *Der Stechlin.* 181 S. UB 8144

zu Frisch, *Andorra.* 88 S. UB 8170 – *Biedermann und die Brandstifter.* 128 S. UB 8129 – *Homo faber.* 196 S. UB 8179

zu Goethe, *Egmont.* 165 S. UB 8126 – *Götz von Berlichingen.* 176 S. UB 8122 – *Iphigenie auf Tauris.* 112 S. UB 8101 – *Die Leiden des jungen Werther.* 192 S. UB 8113 – *Novelle.* 160 S. UB 8159 – *Torquato Tasso.* 251 S. UB 8154 – *Urfaust.* 168 S. UB 8183 – *Die Wahlverwandtschaften.* 228 S. UB 8156 – *Wilhelm Meisters Lehrjahre.* 398 S. UB 8160

zu Grass, *Die Blechtrommel.* 223 S. UB 16005 – *Katz und Maus.* 192 S. UB 8137

zu Hauptmann, *Bahnwärter Thiel.* 54 S. UB 8125 – *Der Biberpelz.* 104 S. UB 8141 – *Die Ratten.* 183 S. UB 8187

zu Heine, *Deutschland. Ein Wintermärchen.* 208 S. UB 8150

zu Hesse, *Demian. Die Geschichte von Emil Sinclairs Jugend.* 86 S. UB 8190 – *Der Steppenwolf.* 156 S. UB 8193

zu Hölderlin, *Hyperion.* 339 S. UB 16008

zu Hoffmann, *Das Fräulein von Scuderi.* 136 S. UB 8142 – *Der goldne Topf.* 160 S. UB 8157 – *Klein Zaches genannt Zinnober.* 170 S. UB 8172

zu Ibsen, *Nora (Ein Puppenheim).* 86 S. UB 8185

zu Kafka, *Der Proceß.* 230 S. UB 8197 – *Das Urteil.* 144 S. UB 16001 – *Die Verwandlung.* 196 S. UB 8155

zu Keller, *Kleider machen Leute.* 108 S. UB 8165 – *Romeo und Julia auf dem Dorfe.* 88 S. UB 8114

zu Kleist, *Amphitryon.* 160 S. UB 8162 – *Das Erdbeben in Chili.* 151 S. UB 8175 – *Das Käthchen von Heilbronn.* 162 S. UB 8139 – *Die Marquise von O...* 125 S. UB 8196 – *Michael Kohlhaas.* 111 S. UB 8106 – *Penthesilea.* 159 S. UB 8191 – *Prinz Friedrich von Homburg.* 204 S. UB 8147 – *Der zerbrochne Krug.* 157 S. UB 8123

zu J. M. R. Lenz, *Der Hofmeister.* 183 S. UB 8177 – *Die Soldaten.* 88 S. UB 8124

zu Lessing, *Emilia Galotti.* 109 S. UB 8111 – *Minna von Barnhelm.* 111 S. UB 8108 – *Miß Sara Sampson.* 93 S. UB 8169 – *Nathan der Weise.* 175 S. UB 8118

zu H. Mann, *Der Untertan.* 162 S. UB 8194

zu Th. Mann, *Mario und der Zauberer.* 104 S. UB 8153 – *Der Tod in Venedig.* 196 S. UB 8188 – *Tonio Kröger.* 102 S. UB 8163 – *Tristan.* 96 S. UB 8115

zu Mörike, *Mozart auf der Reise nach Prag.* 117 S. UB 8135

zu Novalis, *Heinrich von Ofterdingen.* 236 S. UB 8181

zu Schiller, *Don Carlos.* 238 S. UB 8120 – *Die Jungfrau von Orleans.* 160 S. UB 8164 – *Kabale und Liebe.* 147 S. UB 8149 – *Maria Stuart.* 214 S. UB 8143 – *Die Räuber.* 232 S. UB 8134 – *Die Verschwörung des Fiesco zu Genua.* 263 S. UB 8168 – *Wallenstein.* 294 S. UB 8136 – *Wilhelm Tell.* 111 S. UB 8102

zu Shakespeare, *Hamlet.* 264 S. UB 8116

zu Storm, *Hans und Heinz Kirch.* 94 S. UB 8171 – *Immensee.* 88 S. UB 8166 – *Der Schimmelreiter.* 101 S. UB 8133

zu Tieck, *Der blonde Eckbert / Der Runenberg.* 85 S. UB 8178

zu Wedekind, *Frühlings Erwachen.* 204 S. UB 8151

zu Zuckmayer, *Der Hauptmann von Köpenick.* 171 S. UB 8138

Philipp Reclam jun. Stuttgart

Interpretationen

IN RECLAMS UNIVERSAL-BIBLIOTHEK

Auswahl

Lessings Dramen

Miß Sara Sampson – Minna von Barnhelm – Emilia Galotti – Nathan der Weise. 211 S. UB 8411

Dramen des Sturm und Drang

Goethe, *Götz von Berlichingen* – Lenz, *Der Hofmeister* – Klinger, *Sturm und Drang* – Leisewitz, *Julius von Tarent* – Lenz, *Die Soldaten* – Schiller. *Die Räuber.* 216 S. UB 8410

Erzählungen und Novellen des 19. Jahrhunderts
Band 1

Tieck, *Der blonde Eckbert / Der Runenberg* – Bonaventura, *Nachtwachen* – Kleist, *Die Marquise von O . . .* – Kleist, *Michael Kohlhaas* – Hoffmann, *Der goldne Topf* – Chamisso, *Peter Schlemihls wundersame Geschichte* – Hoffmann, *Der Sandmann* – Brentano, *Geschichte vom braven Kasperl und dem schönen Annerl* – Eichendorff, *Aus dem Leben eines Taugenichts* – Goethe, *Novelle.* 422 S. UB 8413

Erzählungen und Novellen des 19. Jahrhunderts
Band 2

Droste-Hülshoff, *Die Judenbuche* – Stifter, *Brigitta* – Grillparzer, *Der arme Spielmann* – Mörike, *Mozart auf der Reise nach Prag* – Keller, *Romeo und Julia auf dem Dorfe* – Keller, *Kleider machen Leute* – Meyer, *Das Amulett* – Storm, *Hans und Heinz Kirch* – Storm, *Der Schimmelreiter.* 375 S. UB 8414

Romane des 19. Jahrhunderts

Tieck, *Franz Sternbalds Wanderungen* – Hölderlin, *Hyperion* – Schlegel, *Lucinde* – Novalis, *Heinrich von Ofterdingen* – Jean Paul, *Flegeljahre* – Eichendorff, *Ahnung und Gegenwart* – Hoffmann, *Kater Murr* – Mörike, *Maler Nolten* – Keller, *Der grüne Heinrich* – Stifter, *Der Nachsommer* – Raabe, *Stopfkuchen* – Fontane, *Effi Briest*. 423 S. UB 8418

Georg Büchner

Dantons Tod – *Lenz* – *Leonce und Lena* – *Woyzeck*. 218 S. UB 8415

Fontanes Novellen und Romane

Vor dem Sturm – *Grete Minde* – *L'Adultera* – *Schach von Wuthenow* – *Unterm Birnbaum* – *Irrungen, Wirrungen* – *Quitt* – *Effi Briest* – *Frau Jenny Treibel* – *Der Stechlin* – *Mathilde Möhring*. 304 S. UB 8416

Dramen des Naturalismus

Hauptmann, *Vor Sonnenaufgang* – Sudermann, *Die Ehre* – Holz / Schlaf, *Die Familie Selicke* – Hauptmann, *Die Weber* – Schlaf, *Meister Oelze* – Hauptmann, *Der Biberpelz* – Halbe, *Der Strom* – Hauptmann, *Die Ratten*. 216 S. UB 8412

Brechts Dramen

Grundzüge der Brechtschen Dramen- und Theatertheorie – *Baal* – *Leben des Galilei* – *Mutter Courage und ihre Kinder* – *Der gute Mensch von Sezuan* – *Der kaukasische Kreidekreis*. 188 S. UB 8813

Romane des 20. Jahrhunderts. Band 1

H. Mann, *Der Untertan* – Th. Mann, *Der Zauberberg* – Kafka, *Der Proceß* – Hesse, *Der Steppenwolf* – Döblin,

Berlin Alexanderplatz – Musil, *Der Mann ohne Eigenschaften* – Kästner, *Fabian* – Broch, *Die Schlafwandler* – Roth, *Radetzkymarsch* – Seghers, *Das siebte Kreuz* – Jahnn, *Fluß ohne Ufer.* 400 S. UB 8808

Romane des 20. Jahrhunderts. Band 2

Doderer, *Die Strudlhofstiege* – Koeppen, *Tauben im Gras* – Andersch, *Sansibar oder der letzte Grund* – Frisch, *Homo faber* – Grass, *Die Blechtrommel* – Johnson, *Mutmassungen über Jakob* – Böll, *Ansichten eines Clowns* – S. Lenz, *Deutschstunde* – Schmidt, *Zettels Traum* – Handke, *Der kurze Brief zum langen Abschied.* 301 S. UB 8809

Thomas Mann, Romane und Erzählungen

Buddenbrooks – Tristan – Tonio Kröger – Der Tod in Venedig – Der Zauberberg – Mario und der Zauberer – Joseph und seine Brüder – Lotte in Weimar – Das Gesetz – Doktor Faustus – Bekenntnisse des Hochstaplers Felix Krull. 360 S. UB 8810

Franz Kafka, Romane und Erzählungen

Das Urteil – Die Verwandlung – Der Verschollene – Der Proceß – Vor dem Gesetz – In der Strafkolonie – Ein Bericht für eine Akademie – Ein Landarzt – Auf der Galerie – Der Kübelreiter – Das Schloß – Ein Hungerkünstler. 320 S. UB 8811

Hermann Hesse, Romane

Unterm Rad – Demian – Siddhartha –Der Steppenwolf – Narziß und Goldmund – Das Glasperlenspiel. 175 S. UB 8812

Philipp Reclam jun. Stuttgart